"国家中等职业教育改革发展示范学校建设计划"项目教材

中等职业教育"十三五"规划教材 · 公共课系列

商务文书写作实务

主编／陈秀艳

副主编／孙明　王兴洪

参编／刘明信　周丽君　张军田

丁晓丹　张海娟

立信会计出版社

LIXIN ACCOUNTING PUBLISHING HOUSE

图书在版编目(CIP)数据

商务文书写作实务/陈秀艳主编. —上海：立信会计
出版社,2015.8(2020.12 重印)
ISBN 978 - 7 - 5429 - 4705 - 5

Ⅰ.①商…　Ⅱ.①陈…　Ⅲ.①商务—应用文—写
作—教材　Ⅳ.①H152.3

中国版本图书馆 CIP 数据核字(2015)第 225100 号

策划编辑　　陈　瑶
责任编辑　　陈　瑶
封面设计　　周崇文

商务文书写作实务

Shangwu Wenshu Xiezuo Shiwu

出版发行	立信会计出版社	
地　　址	上海市中山西路 2230 号	邮政编码　200235
电　　话	(021)64411389	传　真　(021)64411325
网　　址	www.lixinaph.com	电子邮箱　lixinaph2019@126.com
网上书店	http://lixin.jd.com	http://lxkjcbs.tmall.com
经　　销	各地新华书店	

印　　刷	上海天地海设计印刷有限公司
开　　本	787 毫米×1092 毫米　　1/16
印　　张	12.5
字　　数	285 千字
版　　次	2015 年 8 月第 1 版
印　　次	2020 年 12 月第 7 次
印　　数	5 221—6 320
书　　号	ISBN 978 - 7 - 5429 - 4705 - 5/H
定　　价	28.00 元

如有印订差错,请与本社联系调换

编 者 的 话

这本教材和同类教材相比,是不是有点"不一样"?

——不一样的编写框架。就整本教材而言,本教材打破了传统的应用文写作类教材的编排模式,强化职场情境,按照"求职—就业—创业"的顺序,把常用的商务文书串成一体,既符合中职学生职业生涯发展的轨迹,又使整本教材内容安排有序,脉络清晰。

——不一样的编写体例。就每一种文书的编写体例而言,本教材按照"学前三思—情景勾勒—学习例文—学而思之—学习导航—写作点睛—随堂练笔—相关拓展—写作指要—巩固练习—知识链接"的顺序安排学习过程,让学生思而学,学中写,让学生在学习中掌握写作技能,同时拓宽知识面。这种编写体例,纵向层次有序,横向拓展丰富,为学生提供了更多的学习内容。

——不一样的版面设计。就整体版面设计而言,文艺类的书籍可以包装得很美,我们写作类的教材同样可以把自己打扮得时尚一点。这本教材插图新颖,设计美观,更能够吸引学生的注意。我们尽力做到内在的"实"和外在的"美"有机结合。

这三个"不一样",是源自编者力求实现"以学生为主体"的教育理念。

◆力求体现中职教育的特点。本教材按照"求职—就业—创业"的思路架构全书,力求体现中职教育"以促进就业为导向"的办学宗旨,使中职学生拿到这本教材时,有一种自然的亲近感,觉得这是一本专门为自己写的书,是一本对自己的职业发展有帮助的书。

◆力求遵循中职学生学习的规律。常言"兴趣是最好的老师","趣"成为我们设计教材的着力点,"思而学,学中做"是我们设计的思路。

【学前三思】 这一块中设计的三个问题能起到有效引导学生兴趣的作用。"三思"做到了"三结合":与学生生活结合、与文书写作结合、与职场生活结合,三个问题设计巧妙,能激发学生思考和学习的兴趣,是学习前一个有效的热身活动。

【情景勾勒】 这一块以"简笔画"的形式勾勒了主人公"小艾"的职场经历,让学生知晓每种文书适用的情境,小艾的职场经历具有故事性和一定的启发性,能提升学生学习的兴趣。

【学习例文】 这一块所有例文的内容紧扣"商务",在商务活动中学习相应的文书,而且文书的应用紧扣"小艾"的职场生活,具有真实的情景性,让学生在情景中学习。

【学而思之】 这一块是针对例文的内容提出问题,让学生思考,在思考中认识和感知每种文书的不同特点。

【学习导航】 这一块提供给学生每一种文书的相关知识,让学生认识其内在的本质,为下面的写作打好基础。

【写作点睛】 这一块是"点睛"就是点出文书写作的关键点,让学生在写作时抓住关键和核心部分,不会走入偏门,从而提高写作效率。

【随堂练笔】 这一块是让学生在学中练,使学生学以致用,并检验学习成果,同时,教师在课堂上能够发现问题并给予及时的指导。

【相关拓展】 这一块内容和前面的文书形成"一拖一"的关系,两个"一"既是两种不同的文书,又有内在的关联性,如求职信与辞职信、商业活动策划方案与请柬之间的关联,这种安排有主有次,给教师和学生提供了更多的选择。

【写作指要】 这一块是针对拓展的文书给出必要的指导和帮助。

【巩固练习】 这一块是让学生在课余时间练习写作,进一步巩固和应用课堂所学。

【知识链接】 这一块紧扣"商务"活动中的相关知识,拓宽学生的知识面,也可起到发散学生思维,开阔视野的作用。

本教材能够顺利完稿,得益于以下两个方面的机缘:

首先,得益于文化课教师的企业实践。教师在企业实践的过程中,深刻体会到很多企业不仅需要操作能手,还迫切需要写作能手,企业非常希望学校加强学生的写作训练。因此,企业的需要成为我们编写教材的原动力。同时,通过企业实践,教师熟悉了企业的文案写作,积累了较为丰富的实践案例,为编写本教材打下了良好的基础。所以,从这个意义上说,本教材是校企合作的结晶。

其次,得益于中职教育课程改革实践。课程改革的实践让教师们得到成长,教师在进行教学设计时,以学生为本,重能力、重应用、重质量等理念已转化成教师的自觉教学行为。本教材是教师们探索课程改革的一份答卷。

本教材适用于中职学校财经类专业教学,建议教学时数为 60 课时。

陈秀艳

2015 年 8 月

目　　录

导　　学

一、为什么要学习商务文书写作

(一) 什么是商务文书写作

商务文书写作是以商务活动为反映对象,以语言文字为表达手段,以文章为信息传播的载体,以推进商务活动为目标的社会实践活动。它是商务活动的得力助手,是从事商务工作的人员必须掌握的工具和武器。

(二) 商务文书写作是职场人必备的技能

在商务活动中,企业为实现生产经营目的,需要各类人才为其服务,对不同人才,企业也有其不同的用人的标准。但是,无论你是大学生还是中职生,无论你在经营岗位还是管理岗位,都要涉及相关文书的写作,因此,写作能力也自然成为单位用人的标尺之一。例如,美国大学董事会全国写作委员会在调查了 120 家美国大公司后,于 2004 年 9 月发布《写作:通向工作的门票》一文,文章的结论是:在当今职场,写作成为工薪雇员获得聘任与提升的"敲门砖"。《福布斯》杂志的董事长马尔克姆·福布斯也曾经说道:"一封好的商务信函,可以让你得到一次面试的机会,帮助你摆脱困境,或者为你带来财富"。所以从某种意义上说,写好商务文书在一定程度上能够给人带来很大的收益。

因此,为了今后的职业生涯与可持续发展的需要,作为"以促进就业为导向"的中职教育的学生,学好商务文书的写作是其必须掌握的基本技能之一。

(三) 学习商务文书写作的意义

学习商务文书写作,对个人来说,至少有以下三点意义。

1. 提升个人素质

听、说、读、写能力是现代人应该具备的四大基本素养,其中以写作能力最能全面反映一个人的综合素质,因此我国把培养学生的语言文字表达能力作为素质教育的重要部分。通过写作,还能够培养学生收集、处理信息的能力,获取新知识的能力,分析和解决问题的能力,从而培养学生的科学精神和创新思维。

2. 优化知识结构

学习商务文书写作,可以开阔学生的视野、拓展学生的知识面,使学生的知识能力结构更合理。商务文书无论从内容上还是从表达形式上都有它的特殊性和专业性,这就要求写作者必须具备基本的商务知识、相关的经济学原理及经济术语,还要掌握各种文书写作的规范性,因此,学习商务文书写作,能够有效提高个人的综合素质,优化学生的知识结构。

3. 增强竞争优势

写作的过程是锤炼思想的过程,在这一过程中,能让你的思维更加严密,条理更加清晰,而良好的思维又会为你的成功打下基础。在职场中,有效的商务写作会带来更多的收益,建立更好的客户关系,赢得更多的业务,使你在商务竞争中立于不败之地。

二、商务文书写作的基本要求

(一) 商务文书写作的选材与结构

商务文书的材料是指为了表现商务文书的主旨而搜集、摄取并写入文书中的一系列事实、数据或论据。材料是形成观点的基础,是表现观点的支柱。

商务文书材料选择的要求有以下几项。

1. 真实

材料真实可靠、准确无误。不仅是现象的真实,还应该是本质的真实。

2. 典型

典型材料是指那些能够反映事物本质、具有广泛代表性和巨大说服力的材料。

3. 恰当

恰当指材料与主旨的关系要恰当,主旨统帅材料,材料紧扣主旨。

4. 新颖

新颖指材料要反映客观事物发展变化趋势、说明客观事物的最新面貌、回答现实生活中人们最关心的新问题。

商务文书的结构是指根据文书观点表达的需要,将精选出来的材料有系统的、科学的组织安排时所采用的一定的形式与格式,也是安排材料、谋篇布局的方式。在文书的写作中,主旨和材料要解决的是言之有物的问题;结构要解决的是言之有序的问题。结构是商务文书的骨骼,材料是商务文书的血肉,主旨是商务文书的灵魂,没有骨骼血肉无所附,灵魂无所依。商务文书的骨骼是否有机、和谐的统一成一个整体,将直接影响到商务文书的表达效果。

商务文书的结构应遵循的原则有以下几项:

(1) 要围绕主旨安排结构,要反映事物的规律。如文书中描述事件,应按照事件的发生、发展、结局的顺序安排结构;如文书中阐述问题,一般按照提出问题、分析问题、解决问题的顺序安排结构。

(2) 要体现文体的特点。因为,因商务文书的种类不同,结构也会有所不同。

(二) 商务文书写作的要求

商务文书的写作除了应该符合一般应用文写作的基本要求,还具有其自身的写作特点。叶圣陶老先生曾经说道:"公文不一定要好文章,但必须写得一清二楚、十分明确、字稳词妥、通体通顺,让人家不折不扣地了解所说的内容是什么"。商务文书的写作要求和公文的写作相似,主要有以下几个方面。

1. 写作内容上的专业性

商务文书写作是以企业经营活动、商务往来、商务管理等内容为写作对象,具有特定的商务活动范畴和商务科学的专业特点,写作时往往涉及特定的专业术语,特别是要注意数据的使用和表达,其专业性是非常明显的。

2. 写作时间上的时效性

商务文书写作一般要针对商务工作的具体需求,在一定的时间、范围内解决一定的问题,具有明确的对象和时间,讲求工作效果、经济效益和社会效益。

3. 写作对象上的明确性

商务文书写作以商务工作项目的主体(如我方)与涉及的客体(如对方),以及有关方面的组织或人员为特定的阅读或致送对象。读者对象明确、具体,针对性很强。

4. 写作格式上的规范性

商务文书的文体大都具有硬性规定或约定俗成的程式化的结构格式、行文惯例和文本形式,规定得非常严格、细致。开头和尾部在某些文种中的规定尤其严格。

5. 写作语言上的平实性

商务文书不同于文学作品,对语言的要求极为严格,讲求语言的科学性与平实性。它的语言的基本特点是简明、准确、朴实、庄重。"简明"是商务文书首要特点,正所谓"句中无余字,篇内无赘语"。所谓"准确",就是要求商务文书要做到"一字入公文,九牛拔不出",在意思清楚的前提下,商务文书写作应追求尽量用一段话、一句话甚至是一个词将核心意思表达出来。所谓"朴实",就是指在商务文书写作中不要去刻意地堆砌辞藻,用平实的词语把意思表达清楚就可以了。所谓"庄重",是指在商务文书的整体风格不要过于诙谐幽默,以免影响文书的严肃性。

模块一 走进职场

第一章

招 聘 启 事

学 前 三 思

1. 你知道企业有哪些招聘人才的渠道?
2. 你去应聘就业单位,会对哪些条件感兴趣?
3. 你对网络招聘怎么看?

情 景 勾 勒

小艾即将从一所中职学校毕业,特别关心报纸上、网上刊登的招聘启事和学校公告栏里张贴的招聘信息,希望从中能找到自己心仪的就业单位。

学 习 例 文

滨江市××贸易公司招聘启事

滨江市××贸易公司创办于 20 世纪 80 年代,从事国内外电子产品贸易,系国有企业,现有员工 500 余人。公司地址在滨江市开发新区。现因业务扩展的需要,特向社会招聘销售员 5 名。

岗位职责:

1. 根据公司拟定的销售目标,完成销售任务;
2. 开拓新客户,发展新渠道,维护客户关系;
3. 负责区域内市场推广活动的执行。

任职资格:

1. 高中、中职及以上学历。性别不限。年龄在 18～40 岁;
2. 执行力强,能吃苦耐劳,有责任心,具有团队合作精神;
3. 具备一定的市场分析及判断能力、良好的客户服务意识;
4. 有电子产品销售及相关工作经验者优先。

(续)

> 工资待遇：
>
> 1. 每月底薪为 2 500～3 500 元，另加绩效工资；
> 2. 享受本公司出差补贴、交通补贴、电话补贴；
> 3. 享受国家规定的"四金"待遇。
>
> 应聘时限：20××年 6 月 20 日至 20××年 7 月 1 日。
>
> 有意应聘者请将个人简历发至：bingzh888@sina.com
>
> 特此启事
>
> 20××年 6 月 20 日

学而思之

1. 你从上面例文中读到了哪些信息？请用自己的话复述。
2. 你会更关注"招聘启事"中的哪些信息？

学习导航

1. 招聘启事是用人单位面向社会公开招聘有关人员时使用的一种应用文书。招聘启事撰写的质量，会影响招聘的效果和招聘单位的形象。

2. 大部分招聘启事都有公司介绍，从中我们可以了解到：公司性质是国企、民企还是外企；公司业务是什么，等等。

3. 任职资格通常有"硬""软"两类："硬条件"指年龄、学历、性别、工作经历等；"软条件"指责任心、合作精神等。如果"硬条件"不够，一般就不必应试了。

4. 岗位职责在招聘启事中可写可不写。通常大公司的职责范围会描述得比较详细而具体，小公司则不一定。求职者通过了解这部分内容来权衡自己的专业知识、性格爱好是否适合这些工作。

5. 求职者通常很关注工资待遇，这一点要理性把握。

写作点睛

招聘启事的写作，主体依次写清以下内容：①单位名称、性质和基本情况；②招聘人才的岗位与人数；③应聘资格与条件；④应聘方式与截止日期。写作时每一项内容都独立成段。

随堂练笔

请根据下面材料写一则招聘启事。

　　××银行××市青湖区月秀支行招聘业务部负责人 2 名,要求年龄在 38 岁以下,具有大专及以上学历,身体健康,品行端正,责任心强,无不良记录;具有 5 年以上银行相关工作经验,并熟悉公司、小企业产品营销及组织推广工作;具有较强的营销能力、沟通能力和市场开拓能力等。一经录用,将提供良好的职业发展空间和具有市场竞争力的薪资待遇,按照国家相关规定缴纳各项社会保险和住房公积金,办理企业年金、补充医疗保险等福利。有意者请到网上下载并填写《2015 年应聘登记表》,同时附上本人照片,发送至 zhp@××××.com。报名截止时间为 11 月 18 日。

相关拓展

　　商务领域用得较多的启事除了招聘启事之外,还有开业、迁址、遗失等类别的启事。

遗　失　声　明

　　上海××电子有限公司不慎丢失营业执照正、副本(注册号:43088815986),现声明作废。

上海××电子有限公司办公室

20××年×月×日

××网络有限公司开业启事

　　本公司经过 3 个月的筹备,定于 20××年 7 月 1 日正式开业。

　　我公司是一家提供局域网服务的专业网络公司,主要服务于各大、中、小学校的校园网络建设。

　　开业后的前 3 个月,即从 7 月 1 日起至 9 月 30 日结束,我公司对所有客户给予 85 折优惠。我们期待您的合作与支持!

　　公司地址:上海市××路 918 号

　　电话:021-××××××××　　　　　联系人:张××

　　网址:www.×××××.com　　　　　E-mail:××××××@126.com

20××年 6 月 20 日

写作指要

1. 声明是启事的一种,写作时要求言简意赅。

2. 开业启事既有告知性,同时又带有宣传促销作用,撰写时可以写得内容丰富些以引起读者兴趣。其中开业时间、地点、业务范围或服务项目是开业启事必备要素。

巩固练习

1. 根据下面所给材料,撰写相应文书。撰文必需的要素,凡所给材料未说明的,请自行酌情补上。

材料一:祥和网络教育有限公司将于 2015 年 8 月 6 日开业。这是一家专门提供英语口语教学与训练服务的专业网络教育公司。开业的第一个月内,对新会员赠送大礼包,并提供一个月的免费使用权。

材料二:中国人民银行控江支行于 2015 年 6 月 6 日正式搬迁到上海市杨浦区淞沪路 88 号,并对外营业。

材料三:阳光电视台科教频道是以教育、科技、文化、卫生宣传为主要内容的专业频道,每天播出时间 21 小时。现根据科教频道事业发展需要,面向社会招聘播音员 2 人。招聘岗位要求如下:全日制院校本科学历或播音主持专业专科以上学历;普通话一级乙等及以上水平;具有爱岗敬业、积极进取、勇于创新、团结合作的良好品德,热爱学习,身体健康。年龄一般应在 38 岁以下。有意者请于 11 月 15 日前,提交个人简历、毕业证、从业经历、照片和相关作品,以电子邮件形式报送。邮箱:eeett@126.com,面试之前,谢绝见面。

材料四:上海市闵行区盛力建筑材料厂遗失组织机构代码证正、副本,号码为:L12345678,登报作废。

2. 修改下面这则招聘启事。

招 聘 启 事

我公司随着业务的不断扩大,需招聘销售公关人员 5 名,具体要求如下:

一、年龄在 30 岁以下,中专以上学历,口头表达能力强。

二、正式聘任后待遇从优。

面试办法:将个人的相关材料以电子邮件的形式发送到 yyytt@163.com 邮箱。

上海康健食品有限公司

---

3. 九寨沟风景名胜区管理局为了扩大九寨沟导游队伍,以更好地满足旅游事业发展的需要,特向社会招聘导游。

(1) 请你思考后列出导游职业应具备的相关任职条件;

(2) 在上题的基础上,酌情补上相关要素,以九寨沟风景名胜区管理局的名义拟写一份招聘启事。

知 识 链 接

一、参加招聘会十个注意事项

1. 请到官方举办的招聘会(经过审核的企业、有保障、安全)。

2. 进入人才市场不宜太晚。及时进入,可以有充足的时间收集信息,了解行情,掌握与会单位的情况。

3. 充分利用招聘会的会刊。会刊上面刊登了参会所有单位、用人情况和条件。应聘者应仔细地查看会刊,把自己的专业和感兴趣的公司划下来,然后直接去其所在的位置,这样能够节省大量时间和体力,提高应聘的效率。

4. 求职材料准备充分。参加招聘会前应聘材料准备充足是很重要的,不但可以节约排队等待的时间,经济上也能节约成本。

5. 不要让朋友、尤其是家长陪同。否则会给用人单位留下"缺乏独立性"的不良印象。

6. 善咨询、问明白。应仔细询问招聘单位的详细情况,包括单位的上级主管部门、所有制性质、法人、招聘的内容和目的、用工形式、工作时间、月薪支付等,做到心中有数。

7. 听反响。在求职时,应注意听招聘者向其他求职者的介绍是否与你了解到的情况一致,听一听其他求职者的议论,再听取一下别人的建议和意见。

8. 重视举止形象。毕业生要掌握必要的礼仪和谈话技巧,并适当地"包装"自己。

9. 领会交流会上招聘方说话的含义。"材料先放在这里,有消息会通知你的。"这句话传达的意思可能是对你"兴趣不大"。如果对方在翻阅了你的材料后,说声"是否可以谈谈你的要求和打算?"这是八成对你有兴趣,就看你如何充分表现你的水平和才能了。

10. 会后及时反馈。因为大部分企业不会当场拍板,会后两三天内及时与用人单位联系,不能被动等待。注意:签约一定要慎重。

(http://www.xxjob.cn/news/html/07/15507.html)

二、2015—2025 年中国未来十大最热门行业或职业

1. 金融分析师

金融分析师即 CFA,随着经济的高速发展,商业银行、保险公司、证券公司、基金管理公司等金融机构不断涌现,金融分析师这一类人才十分抢手。以上海为例,未来两年上海对 CFA 的需求是 3 000 人,而目前上海拥有 CFA 资格的只有 30 人左右。

2. 殡葬行业

据国家统计局 2014 年公布的数据,我国死亡人口数量每年在 820 万人左右。如果平均每人以 2 000 元的低标准丧葬费用估算,每年有 164 亿元的市场。在如此规模巨大的"丧葬经济"面前,中国殡葬业目前属于垄断经营,未来发展空间很大。

3. 手机行业

截止到 2014 年第二季度,中国移动互联网用户已经达到 4.6 亿,智能手机销售量全球第一。两个第一的背后,是人们生活方式的颠覆性的改变,是移动互联网络市场的巨大商机和诱惑。人们对手机的配置要求不断升级。无限的手机市场需求,使手机行业成为了未来最赚钱的一个职业。

4. 传媒人士

伴随互联网的蓬勃发展,新媒体不断涌现,传媒行业目前人才需求出现多样化和市场化趋势。而中国是全球传媒业受众最多的国家,占世界受众的 20%,电视观众超过 9 亿人,预计每年还将以 1 000 万户的速度增加。随着行业准入许可度的加大,外资公司进入中国传媒业的数量将越来越多,传媒行业的人才竞争与需求也会越来越大。

5. 移动互联网行业

从 2004 年有"网商"概念以来,"网商"已经作为一个新的商人群体的代名词。这一群体不断壮大,缔造了无数商业奇迹。中国电子商务的发展速度是 GDP 的 10 倍,网上零售增长率以每年 100% 的速度增长。可见其势头强劲,锐不可当。

6. 律师

随着中国经济的迅速发展,各种经济纠纷及贸易摩擦也越来越多。而随着社会法律体系的完善,人们越来越意识到通过法律途径来保障自己的合法权益的重要性。所以,律师的需求会越来越旺盛,是未来最有前途的职业之一。预计到 2020 年律师需求人数将达到 300 万人。

7. 健康管理师

我国正在推广实行"全民健康管理工程",这是一项系列化、数字化的庞大工程,其具体工作由健康管理师来完成,保守估计至少需要 200 万个专业的健康管理师,而目前我国专业的健康管理方面的从业人员只有 10 万人左右,人才缺口非常大。

8. 心理咨询师

随着社会竞争的激烈和人们工作节奏的加快,心理健康问题已经成为影响人们身心健康和社会稳定的因素之一。在发达国家,平均每千人就有一个心理咨询师,如果以这种 1∶1 000 的比例推算,中国至少需要 130 万名心理咨询师,而目前全国专业从事心理咨询工作的人还不到其十分之一。随着生活水平的提高,人们对自我身心健康越来越重视,心理咨询师这一职业的前景普遍看好。

9. 注册会计师

根据中国经济高速发展的需要,至少需要 35 万名注册会计师,而目前实际具备从业资格的只有 8 万人左右,其中被国际认可的不足 15%。因此这一职业的就业前景非常好。

10. 直销商

风险低、投入低,直销是个人创业的良机,也是扩大就业及内需的必然选择。直销虽然是新兴行业,但其所蕴含的潜能是巨大的。金融危机时,唯有直销行业逆势上扬就可佐证这一点。

(http://zaizhi.eol.cn/bschool_xlfd_10029/20141028/t20141028_1195706.shtml)

第二章

求 职 信

学前三思

1. 请给自己画个像,包括性别、年龄、所学专业、性格、爱好、特长、优点、缺点等。

2. 有些公司招聘时要求求职者具有相关工作经验,作为职场新人,你怎么看这个问题? 对此你又有什么对策呢?

3. "求职信"和"自荐信"有区别吗?

情景勾勒

小艾从 8 月 15 日的《滨江日报》上得知一家贸易公司正在招聘人员,心动不如行动,他决定前去应聘,于是动手写求职信。

学习例文

求 职 信

滨江市××贸易公司人事部经理:

您好! 我从 6 月 20 日的《滨江日报》上刊登的招聘启事中得知,贵公司正在招聘电子产品销售员。我认为自己符合贵公司的招聘条件,特来应聘。

本人系滨江市××学校国际商务专业应届毕业生,男,今年 18 周岁,滨江市人。

滨江市××学校是一所公办全日制国家级重点中专学校。在校期间,本人系统学习了国际贸易概论、进出口贸易实务、商务英语、外贸英语函电、市场营销、商务应用、进出口贸易实务等课程,学习成绩优秀。(成绩单见附件)

在校期间,本人刻苦学习技能,已获得国际商务单证员、国际货运代理员四级、英语 PETS 二级、国家计算机等级一级等证书。(证书复印件见附件)

（续）

　　今年上半年(在校第六学期)，本人在某公司实习了半年。我跟随师傅学习外贸单证处理、货运代理、报关等业务,初步熟悉了公司的业务流程,对过去课堂上学到的理论知识有了更深刻的理解,为独立从事销售工作打下了较好的基础。

　　本人性格开朗,做事认真,为人随和。在校期间,本人一直担任班级学习委员一职,并参加了学校的健美操社团,在工作和活动中培养和提高了自己的管理能力和综合素养。

　　贵公司在滨江市有较高的知名度。我渴望成为贵公司的一员,通过努力工作,为公司的发展尽绵薄之力。

　　祝贵公司事业蒸蒸日上!

　　本人联系方式:××××××××

　　地址:滨江市××区××路××号

　　电话:××××××××××

　　E-mail:×××××××@×××××.com

求职人:艾××

20××年×月×日

　　附件: 1. 身份证复印件一份(略)

　　　　　2. 成绩单复印件一份(略)

　　　　　3. 毕业证书复印件一份(略)

　　　　　4. 其他证书复印件共计七份(略)

　　　　　5. 个人简历一份(略)

学 而 思 之

1. 例文中小艾从哪些方面介绍了自己的情况?

2. 小艾的求职信中介绍了自己在校的经历,对你目前的在校学习生活有什么启示?

学 习 导 航

1. 求职信是求职人向用人单位介绍自己的情况以获得录用的专用性文书。

2. 求职信的称呼:假如对方明确告知联系人姓名及职位,应该按照告知写。假如对方仅告知联系部门,如"人力资源部",那么可写"人力资源部经理"。

3. 求职信开头(第1段):通常告知对方自己是如何得知招聘信息的,并明确表示应聘意愿。

4. 主体部分(第 2、第 3、第 4、第 5、第 6 段):依次展开对个人情况的介绍,让招聘公司清晰了解你的个人基本情况、学习经历、工作经历、性格爱好等。

(1) 个人基本情况(第 2 段):这部分通常简单介绍毕业学校、所学专业、性别、年龄即可。如果你认为需要多介绍些学校和专业情况,也可以,但不宜太多,以免喧宾夺主。

(2) 学习经历(第 3、第 4 段):这部分对于应届毕业生来说,重点要介绍你所学习的主要专业课程,让招聘公司了解你所具备的专业知识。学习成绩的介绍应当实事求是,并附上成绩单。如果成绩并不理想,可以写得笼统一点,但不能造假。专业技能证书情况也应在这部分写清楚,并附上技能证书复印件。

(3) 工作经历(第 5 段):通常招聘单位对这部分最为重视。对于应届毕业生来说,因为没有正式工作经历,所以应当把实习工作经历作为这部分的主要内容,同时也可以把参与学校、班级活动和工作的经历乃至参加社区工作、志愿者工作的经历写上去。如果有正式工作经历的,可以把参加过的工作、担任的岗位职务,取得的经验,获得的成绩作为重点内容来写。

(4) 个人性格爱好与特长(第 6 段):这部分内容因人而异。性格通常有活泼外向或内向严谨,也有偏中性的。个人的爱好与特长通常要与你应聘的岗位匹配,这部分内容是否要写,可自己斟酌。

5. 结尾部分(第 7、第 8 段):可以谈谈你对招聘公司的认识,但如果不了解或了解甚少的话,切忌夸大其词乱写。在谈对公司认识的同时应进一步表达应聘意愿或录用后的打算,也可表达谢意。最后提供联系方式。

6. 附件部分:附件部分首先应按照招聘公司的要求提供,同时加上自己认为应该提供的资料。如对方没有提出具体要求,通常至少应该提供身份证和毕业证书的复印件。此外,个人简历通常也作为求职信的附件。

写 作 点 睛

求职信写作,主要写清楚:①写求职信的缘由;②个人基本情况;③个人应聘的实力(专业优势、实习和培训经历、个人特长等);④个人录用后的打算。写作时每一项内容单独成段。

随 堂 练 笔

结合所学专业,根据个人实际情况,写一封求职信,应聘的单位和岗位根据你的专业虚拟确定。

相 关 拓 展

找工作时需要写求职信,辞去工作或职务时就要写辞职信了。辞职信是辞职者在辞去职务时的一个必要程序。

辞　职　信

尊敬的×××经理：

　　您好！经过深思熟虑，我决定辞去目前的工作。

　　×××经理，这是我作出的一个十分困难的决定。在公司工作的 3 年时间里，由于您和其他领导的信任和支持，各位同仁的帮助和提携，我的工作得以顺利开展，按质按量完成了公司交予的任务。在这期间，我也学到许多新的东西。现在由于个人原因，我不得不向您和公司提出辞职。

　　按照公司规定，我将在递交辞呈后的第五周离开公司，这样您有时间去招聘适合的人选来填补我离职而造成的空缺，同时我也会协助您对新人进行入职培训，使其尽快熟悉岗位工作。如果您需要我另择时间离职，请尽早通知我。

　　我非常珍惜这段和您一起工作的经历，再次对您表示衷心感谢！同时也衷心祝愿公司兴旺昌盛！

　　此致

敬礼！

　　　　　　　　　　　　　　　　　　　　　　辞职人：×××

　　　　　　　　　　　　　　　　　　　　　　20××年×月×日

写 作 指 要

　　1. 通常第 1 段开门见山，明确告知辞职决定。这里不应该有任何含含糊糊、模棱两可的语言来表达。

　　2. 第 2 段简单回顾过去并告知辞职的原因，原因一般不便详细叙述，如果你认为有必要的话，也可以详细写出辞职的原因。

　　3. 第 3 段告知离开时间，虽然公司对此有制度规定，但这样说并不是画蛇添足，大多数情况下，你能够争取到提早离开的时间。

　　4. 写作应注意以下事项：

　　(1) 不要说部门负责人坏话。如果你认为有必要向更高管理层反映部门负责人的问题，要尽量以委婉的言辞口头提出。

　　(2) 不要指责同事，尤其忌讳把同事的"罪行"白纸黑字写在辞职书上。

　　(3) 不要满纸抱怨，抨击公司制度。

巩 固 练 习

　　1. 某大型宾馆因工作需要，需招聘大堂经理、公关助理、餐饮、客房部领班、服务员、保安员数名。有一位 35 岁的下岗女工欲前往应聘。她认为自己有如下优势：在原单位担任过保卫干事，熟悉保安工作的规律与特点；女性善于察言观色，第六感觉特棒，非常细心；受过专门训练，学过擒拿格斗的基本技巧，而且还利用业余时间学过柔道；体格健壮等。请你根据以上材料，代这位下岗女工写这封求职信。

2. 某旅游文化发展公司因扩展业务，需要招聘文秘工作人员 2 名、财会人员 2 名、计算机操作员 1 名，请你以求职者的身份选择一个岗位，写一封求职信。

3. 有人说：求职信不一定要包装得多么精美，而是要注意许多细节。谈谈你对这句话的理解。

知 识 链 接

马云的创业故事

1984 年，历经辛苦的马云终于跌跌撞撞地考入杭州师范大学外语系——他的成绩是专科分数，离本科线还差 5 分，但恰好本科没招满人，马云就这样幸运地上了本科，并凭着满腔热情和一身侠气，当选学生会主席。

大学毕业后，马云在杭州电子工业学院教英语。1991 年，马云初涉商海，和朋友成立海博翻译社。结果第一个月收入 700 元，房租 2 000 元，遭到一致讥讽。

在大家动摇的时候，马云坚信：只要做下去，一定会有前景。他一个人背着个大麻袋到义乌、广州去进货，翻译社开始卖礼品、鲜花，以最原始的小商品买卖来维持运转。

两年间，马云不仅养活了翻译社，组织了杭州第一个英语角，同时还成了全院课程最多的老师。如今，正如马云当年所愿，海博已经成为杭州乃至浙江省最大的翻译社。

"我一直的理念，就是真正想赚钱的人必须把钱看轻，如果你脑子里老是钱的话，一定不可能赚钱的。"初次下海的经历，给马云留下了深刻的体会。

1994 年年底，马云首次听说互联网。1995 年年初，他偶然去美国，首次接触到互联网。对电脑一窍不通的马云，在朋友的帮助和介绍下开始认识互联网。当时网上没有任何关于中国的资料，出于好奇的马云请人做了一个自己翻译社的网页，没想到，3 个小时就收到了 4 封邮件。

敏感的马云意识到：互联网必将改变世界！

随即，"不安分"的他萌生了一个想法：要做一个网站，把国内的企业资料收集起来放到网上向全世界发布。

此时，刚刚步入而立之年的马云已经是杭州十大杰出青年教师，校长还许诺他外办主任的位置。但是，特立独行的马云挥挥手，放弃了在学校的一切地位、身份和待遇，毅然下海。

此时，互联网对于绝大部分中国人还是非常陌生的东西，即使在全球范围内，互联网也刚刚开始发展。大洋彼岸，尼葛洛庞帝刚刚写就《数字化生存》、杨致远创建雅虎还不到 1 年；而在北京，中国科学院教授钱华林刚刚用一根光纤接通美国互联网，收发了第一封电子邮件。

在这样的情形下，远在尚未开通拨号上网业务的杭州，马云就已经梦想着要用互联网来开公司、下海、盈利。这个想法立即遭到了亲朋好友的强烈反对。

"我请了 24 个朋友来我家商量。我整整讲了两个小时，他们听得稀里糊涂，我也讲得糊里糊涂。最后说到底怎么样？其中 23 个人说算了吧，只有一个人说你可以试试看，不行赶紧逃回来。我想了一个晚上，第二天早上决定还是干，哪怕 24 个人全反对我也要干。"

"其实最大的决心并不是我对互联网有很大的信心，而是我觉得做一件事，无论失败与成功，经历就是一种成功，你去闯一闯，不行你还可以掉头；但是你如果不做，就像晚上想想千条路，早上起来走原路，一样的道理。"

时隔多年，回忆起当年力排众议的情形，马云依然为自己的选择而叫好。

1995 年 4 月，马云和妻子再加上一个朋友，凑了两万块钱，专门给企业做主页的"海博网络"公司就这样开张了，网站取名"中国黄页"，成为中国最早的互联网公司之一。

3 个月后，临近杭州的上海正式开通互联网，马云的业务量激增。在各企业纷纷忙着建立自己主页的时候，马云的先见之明为他带来了丰厚的利润。当时，制作一张主页，中英文对照的 2 000 字内容，一张彩照，开价就是 2 万元人民币。不到 3 年，马云就轻轻松松赚了 500 万元利润，并在国内打开了知名度。

1997 年，在国家外经贸部的邀请下，马云带着自己的创业班子挥师北上，建立了外经贸部官方网站、网上中国商品交易市场、网上中国技术出口交易会、中国招商、网上广交会、中国外经贸等一系列国家级网站主页。

这段经历对马云弥足珍贵。他告诉记者："在这之前，我只是一个杭州的小商人。在外经贸部的工作经历，我知道了国家未来的发展方向，学会了从宏观上思考问题，我不再是井底之蛙。"

1999 年年初，开阔了宏观视野的马云返回杭州，进行二次创业，他决定介入电子商务领域。

采用什么模式？当时全球互联网所做的电子商务，基本上是为全球顶尖的 15％大企业服务。但马云身处中小私营企业发达的浙江，从最底层的市场滚打过来，深知中小企业的困境。他毅然作出决断——弃鲸鱼而抓虾米，放弃那 15％大企业，只做 85％中小企业的生意。

"如果把企业也分成富人穷人，那么互联网就是穷人的世界。因为大企业有自己专门的信息渠道，有巨额广告费，小企业什么都没有，他们才是最需要互联网的人。而我就是要领导穷人起来闹革命。"马云要做的事就是提供这样的一个平台，将全球中小企业的进出口信息汇集起来："中小企业好比沙滩上一颗颗石子，但通过互联网可以把一颗颗石子全粘起来。用水泥粘起来的石子们威力无穷，可以与大石头抗衡。而互联网经济的特色正是以小博大、以快打慢。"

就这样，1999 年 9 月，马云的"阿里巴巴"网站横空出世，立志成为中小企业敲开财富之门的引路人。当时国内正是互联网热潮涌动的时刻，但无论是投资商还是公众，注意力始终放在门户网站上。马云在这个时候建立电子商务网站,在国内是一个逆势而为的举动,在整个互联网业界开创了一种崭新的模式,被国际媒体称为继"雅虎""亚马逊""易贝"之后的第四种互联网模式。"阿里巴巴"所采用的独特 B2B 模式,即便今天在美国,也难觅一个成功范例。

网站注册成立一个月后,由高盛牵头的 500 万美元风险资金便立即到账。马云用这笔钱做的第一件事情,就是从中国香港和美国引进大量的外部人才。这个时期,也正是马云对外宣称"创业人员只能够担任连长及以下的职位,团长及以上职位全部由 MBA 担任"的时候。彼时,12 个人的高管团队中除了马云自己,全部来自海外。

1999 年年底,马云以 6 分钟的讲述获得有"网络风向标"之称的软银老总孙正义的赏识。两人进行了 3 分钟的单独谈判后,马云获得了孙正义 3 500 万美元的投资。软银每年接受 700 家公司的投资申请,只对其中 70 家公司投资,而孙正义只对其中 1 家亲自谈判。

事实证明,无论是高盛还是孙正义,对马云的判断都是准确的。在电子商务领域,马云显示了自己的独特视角和预见性:创业当年,"阿里巴巴"的会员就达到 8.9 万个;2000年达到 50 万个;在 2001 年互联网的严冬季节,依然实现了百万会员的目标,并成为全球首家超过百万会员的商务网站;目前"阿里巴巴"的会员总数已经超过 350 万之巨。

在互联网最寒冷的冬天里,"阿里巴巴"成为最早宣布盈利的.com 之一,并被哈佛、斯坦福等著名商学院选为案例,连续 4 年被《福布斯》评为全球最佳电子商务站点第一名。

2007 年 2 月,"阿里巴巴"特意在北京公布了自己总额为 8 200 万美金的新一轮私募成功,这是当时中国互联网业金额最大的一次募资。这笔战略投资加上此前风险投资的结余和自身 1 亿多元人民币的利润,目前,"阿里巴巴"已有 10 亿元人民币的现金在手,已经可以和国内任何一家门户网站并驾齐驱了。

马云就此放出豪言——"2004 年,我们要实现每天利润 100 万元;2005 年,我们要每天缴税 100 万元。"

这话如同马云本人一样——看似狂妄,实则精明。马云对外宣称的数字,都是通过财务统计过的:单日盈利 100 万元的目标,其实在 2003 年 7 月就已经单月实现了;而他在公众面前夸下每天缴税 100 万元的"海口",也都是公司内部正在执行的目标。

(http://zqb.cyol.com/gb/zqb/2004-07/26/content_915098.htm)

第三章
面 试 通 知

学 前 三 思

1. 去一个公司面试前,你要做好哪些准备工作?
2. 面试时,对方问你对薪资的要求,你会怎么回答?
3. 面试结束后,你觉得自己表现不出色,有什么补救的办法吗?

情 景 勾 勒

小艾发出求职信后,天天看邮箱,盼望能收到公司的面试通知,一周后他如愿以偿。

学 习 例 文

面 试 通 知

艾××先生:

　　您的求职信收阅。感谢您对我公司工作的支持。请您于×月×日×时携带身份证、毕业证等原件到我公司二楼人力资源部面试。

　　公司地址:滨江市开发新区××路××号。

　　如有不明之处,请与我部联系。

　　联系人:李小姐　　联系电话:×××××××××

滨江市××贸易公司人力资源部

××××年×月×日

学 而 思 之

1. 你从上面例文中读到了哪些信息?请用简短的语言提炼出来。

2. 你会更关注"面试通知"中的哪些信息？

学习导航

1. 面试通知属于通知的一种。任何通知写作都包含五要素：人、时、地、事和要求。具体讲就是你通知谁，在什么时间，什么地点，做什么事，有什么具体要求。联系例文看，通知对象是艾××，时间是×月×日×时，地点是滨江市××路××号二楼人力资源部，事情是面试，要求是带好相关证件。

2. "面试通知"一类的通知实际上就是一封信，所以此类通知也叫做通知书或通知信。

写作点睛

面试通知的写作要求是简洁明了，把面试的人、时间、地点和要求写明确即可。

随堂练笔

请根据下面材料写一则面试通知，并酌情补上相关内容。

恒盛贸易公司预约李明于 2015 年 5 月 8 日下午 3 点来公司面试会计职位，并要求带上身份证、学历证明、技能证书等材料。还告知了公司的地址和电话。

相关拓展

应聘工作并不是到面试结束就终止了。如果你对自己面试时的表现不够满意，记住，抓住面试后寄感谢信的机会，这或许可以扭转乾坤。请看下面一则面试感谢信。

面 试 感 谢 信

尊敬的人事部经理×先生：

您好！我是×月×日下午到贵公司应聘销售业务员的艾××。非常感谢您给了我这次面试机会。很高兴认识您，跟您的谈话是一次愉快而有收获的经历。

通过面试，我对贵公司有了更进一步的了解，贵公司经营稳健，发展强劲。贵公司"自我提升、良性竞争、相互欣赏、共同发展"的企业文化我十分认同，我觉得无论是企业还是每一个员工，都应把这 16 个字作为座右铭。能加入这样的团队是我的梦想。

面试中，我也了解到销售业务员岗位的基本要求，尽管我现在欠缺经验，但我相信，经过自己的不断学习和努力，一定能够尽快地胜任这份工作。我知道销售是一项

（续）

充满挑战的职业——没有最好，只有更好，我愿意接受这项挑战。如果贵公司给我一次机会，我必定全力以赴为公司发展贡献全部力量。

尊敬的×先生，通过面试，我更加渴望进入贵公司工作，希望能有机会与您和其他同事一起，为公司的发展共同奋斗。再次深表谢意！

此致

敬礼！

艾××

20××年×月×日

写作指要

1. 面试感谢信发出要及时，一般应在当天或第二天就发出，它可以发挥两个作用：一是体现应有的礼貌修养；二是对公司的聘用决定或许能起到正面影响。

2. 面试感谢信的开头一定要做自我介绍，并明确表示谢意，从而使收信人知道谁来的信和来信的目的。

3. 面试感谢信的重点内容是写面试感受，一般可以谈谈对应聘公司和应聘岗位在面试之后的新认识；可以写对面试官的印象，但应十分慎重，不宜吹捧，也不宜开玩笑；也可以写自己如果被聘用后的工作设想，但要有十足的把握才行，以免贻笑大方，弄巧成拙。

4. 面试感谢信的结尾部分应当再次表达自己接受挑战的意愿。

5. 面试感谢信不宜长，三四百字左右比较合适。

巩固练习

1. 王晓明在智联招聘网上看到一则招聘公司文员的信息，他认为自己符合条件，当即发了邮件给该公司的人事部，上周，王晓明收到了公司人事部的面试通知。请代公司人事部拟写面试通知。

2. 王晓明参加面试后感觉不是很好，为了给人事部经理留下更深刻的印象，提高命中率，他决定写一封面试感谢信，请代为拟写这封感谢信。

3. 请阅读下面的一则面试通知，你认为有哪些不妥之处并给予改正。

×××：

特通知您于×月××日（周×）9:30～11:00，13:30～14:30到我公司面试。

公司名称：××实业（深圳）有限公司

公司地址：××××路×××号

联系人：×××××××××××

请准时到达,逾时视为自动放弃面试。

知 识 链 接

一、面试时应注意的礼仪细节

常说"面试,前三分钟定乾坤"。在这短短的 3 分钟里,面试者的礼仪如何,往往左右着面试官对面试者的第一印象。作为初涉社会的应届生,还没有从校园人完全转变为社会人,所以难免会把日常生活中的习惯带入到面试当中。以下就从面试前、面试中和面试后三方面来谈一下应届生在面试时应注意的礼仪细节问题。

1. **面试前**

(1)接听好面试通知电话。许多应届生都会忽视这一环节,其实单位对面试者的第一印象往往来自第一次的通话,因为从电话的接听中就可以反映一个人的基本素质。一般接电话首先说"您好!",对面试单位则更要语气热情,接着问对方贵姓,对单位的面试通知表示感谢。最后要确认面试的时间、地点及其他要求,并让对方先挂断电话。

(2)做好面试前的准备。应届生一般会投出很多简历,为了避免忘记和混淆,可准备一个小本子记录下已投递简历单位的情况。面试前再翻看求职记录本,充分了解这次面试岗位的情况。面试前收集齐备如身份证、毕业证、资格证、获奖证书等所有可能用到的资料。

(3)根据不同的职位选择服饰。不少应届生认为找工作穿着职业套装才显得正式,实则不然。不同专业、不同职位应配以不同的打扮。例如艺术类的职位,面试官会考察面试者的艺术气质,这时一身休闲、随意的打扮恰恰能起到意想不到的效果。

2. **面试中**

(1)保持微笑,注意聆听。应届生面试时常因紧张而面部表情僵硬,殊不知,微笑是表情中最能赋予人好感、增加友善和沟通、愉悦心情的表现方式。除了保持微笑外,面试中还应注意聆听面试官的每一句话,千万别与面试官抢话,倾听是了解对方的最好机会。

(2)端正坐姿。应届生在学校里习惯了随意舒适的坐姿,在面试时切忌坐得太过随意。对于男生来说,入座时要轻,至少要坐满椅子的 2/3,后背轻靠椅背,双膝自然并拢,可略分开,身体可稍向前倾以表示尊重和谦虚。对于女生来说,入座前应用手背扶裙,坐下双腿同时向左或向右放,两手叠放于腿上。如长时间端坐可将两腿交叉叠放,但要注意上面的腿向回收,脚尖向下。

(3)传递文件时双手接送。在面试中,无论是递给面试官简历、证书,还是接受面试官的名片、公司宣传单、个人资料表格等文件时,都必须双手接送,以表示对面试官的尊重。

3. **面试后**

重视结束语。面试结束临走前,要礼貌地向面试官表示感谢,同时也可以强调自己对这份工作的渴望及能够胜任的信心，不要急于打听面试结果。在一般情况下，面试结束后，面试官都要进行讨论，然后送人事部门汇总，最后确定录用人选，这可能需要 3～5 天的时间。在这段时间内一定要耐心等候消息，不要过早打听面试结果。

（http://bbs.yingjiesheng.com/thread-9127-1-1.html）

二、细节决定成败——看美国汽车之父亨利·福特如何参加面试

美国某大公司招聘新人，已经淘汰了好几批参加面试的人选。这时无论是面试者还是被面试者都感到了几分紧张：如果今天再不能选出合格的人选，那公司的许多工作就要受到影响；对被面试者来说，如果能进入这家全国知名企业工作，那自己今后的事业发展将不可估量。

这时一位年轻人走进了面试办公室。他在门口看到一张小纸片，出于习惯，年轻人弯下腰捡起纸片并顺手把它扔到了垃圾桶。面试过后，主持面试的该公司总裁叫这位年轻人留下来，他告诉年轻人可以马上到公司参加培训，等培训合格后就可以正式上班了。年轻人有点不敢相信，因为他知道在这次招聘过程中进入面试这一关的都是精英，而且据他观察，其中有不少人的能力水平都在他之上。总裁听到年轻人提出的疑惑，笑着答道："这正是我找你谈话的原因，你的能力水平确实不是所有应聘者中最好的，但是，只有你在面试时通过了一项最关键的考验——门口的那张小纸片是我故意叫人放在那里的。"

那些与这个年轻人一同去参加应聘的人才，并非没有看到门口那张虽然不大但却明显的纸片。对于他们来说捡起地上的小纸片同样只是弯下腰那么简单，但是他们却认为如此琐碎的事情不值得一做，所以他们就错过了进入那家大公司的机会，实际上他们因此而错过的重要机会绝不仅仅是这一次。

而这个年轻人就是美国汽车工业之父——亨利·福特。他用自己的实际行动证明了当初那位总裁的独到眼光。

亨利·福特是幸运的，他的幸运不仅在于自己遇到了慧眼识英才的总裁，更在于他对每一件小事都不疏忽的认真精神。

戴维·帕卡德说："小事成就大事，细节成就完美。"成功就是由一件又一件小事、一个又一个细节积累而成的。如果能把握住这些细节，人们就能获得成功；如果不注重细节的积累，而只想一举成功，那实在是白日做梦。

（http://blog.sina.com.cn/s/blog_74e51e8e0100uar9.html）

第四章

劳 动 合 同

学 前 三 思

1. 有的公司为了防止员工卷款逃跑,在与员工签订书面劳动合同时要求提供担保,你认为这种做法合法吗?你的依据是什么?

2. 《中华人民共和国劳动法》中对"试用期"作了什么具体规定?

3. "无固定期限合同"是不是"铁饭碗"?你怎么解释?

情 景 勾 勒

小艾过关斩将,顺利通过了面试,又经过十来天的等待,小艾终于等来了公司的录用通知。今天小艾要去公司签订劳动合同了。

学 习 例 文

20××年××市劳动合同

使用说明:

一、用人单位与职工签订劳动合同时,双方应认真阅读劳动合同。劳动合同一经依法签订即具有法律效力,双方必须严格履行。

二、劳动合同必须由用人单位(甲方)的法定代表人(或者委托代理人)和职工(乙方)亲自签章,并加盖用人单位公章(或者劳动合同专用章)方为有效。

三、合同参考文本中的空栏,由双方协商确定后填写清楚;不需填写的空栏,请打上"/"。

四、乙方的工作内容及其类别(管理或专业技术类/工人类)应参照国家规定的职业分类和技能标准明确约定。变更的范围及条件可在合同参考文本第十二条中约定。

五、工时制度分为标准、不定时、综合计算工时三种。如经劳动行政部门批准实行不定时、综合计算工时工作制的,应在本参考文本第十二条中注明并约定其具体内容。

六、约定职工正常工作时间的工资要具体明确,并不得低于本市当年最低工资标准;实行计件工资的,可以在本参考文本第十二条中列明,或另签订补充协议。

七、本单位工会或职工推举的代表与用人单位可依法就工资、工作时间、休息休假、劳动安全卫生、保险福利等事项集体协商,签订集体合同。职工个人与用人单位订立劳动合同的各项劳动标准,不得低于集体合同的约定。

八、双方经协商一致后,对劳动合同参考文本条款的修改或未尽事宜的约定,可在参考文本第十二条中明确,或经协商一致另行签订补充协议;另行签订的补充协议,作为劳动合同的附件,与劳动合同一并履行。

九、签订劳动合同时请使用钢笔或签字笔填写,字迹必须清楚,并不得单方涂改。

十、本文本不适用非全日制用工使用。

甲方(用人单位)：　　　　　　　　　乙方(职工)：

法定代表人(主要负责人)：　　　　　身份证号码：

经济类型：　　　　　　　　　　　　户籍地址：

地址：　　　　　　　　　　　　　　通讯地址：

联系人：　　　　　　　　　　　　　联系电话：

电话：

甲、乙双方根据《中华人民共和国劳动合同法》(以下简称《劳动合同法》)和国家、省市的有关规定,遵循合法、公平、平等自愿、协商一致、诚实信用的原则,订立本合同。

一、合同的类型和期限

第一条　本合同的类型为：＿＿＿＿＿＿。期限为：＿＿＿＿＿＿。

(一) 有固定期限合同。期限＿＿＿＿＿年,自＿＿＿＿＿年＿＿＿＿＿月＿＿＿＿＿日至＿＿＿＿＿年＿＿＿＿＿月＿＿＿＿＿日。

(二) 无固定期限合同。自＿＿＿＿＿年＿＿＿＿＿月＿＿＿＿＿日起。

(三) 以完成一定工作任务为期限的合同。具体为：＿＿＿＿＿＿。

二、试用期

第二条　本合同的试用期自＿＿＿＿＿年＿＿＿＿月＿＿＿＿日至＿＿＿＿年＿＿＿＿月＿＿＿＿日。

第三条　录用条件为：＿＿＿＿＿＿。

三、工作内容和工作地点

第四条　乙方的工作内容为：＿＿＿＿＿＿＿＿＿。

第五条　乙方的工作地点为：＿＿＿＿＿＿＿＿＿。

四、工作时间和休息休假

第六条　乙方所在岗位执行＿＿＿＿＿＿工时制,具体为：＿＿＿＿＿＿。

第七条 甲方严格执行国家有关休息休假的规定,具体安排为:＿＿＿＿＿＿＿＿。甲方应严格遵守国家有关加班的规定,确实由于生产经营需要,应当与乙方协商确定加班事宜。

五、劳动报酬

第八条 本合同的工资计发形式为:＿＿＿＿＿＿＿＿。

（一）计时形式。乙方的月工资为:＿＿＿＿＿＿＿元(其中试用期间的工资为:＿＿＿＿＿＿元)。

（二）计件形式。乙方的劳动定额为:＿＿＿＿＿＿＿,计件单价为:＿＿＿＿＿＿。

第九条 甲方每月＿＿＿＿日以货币形式足额支付乙方的工资。

第十条 本合同履行期间,乙方的工资调整按照甲方的工资分配制度确定。

第十一条 甲方安排乙方延长工作时间或者在休息日、法定休假日工作的,应依法安排乙方补休或支付相应工资报酬。

六、社会保险

第十二条 甲方应按国家和本市社会保险的有关规定为乙方参加社会保险。

第十三条 乙方患病或非因工负伤,其病假工资、疾病救济费和医疗待遇等按照国家和本市有关规定执行。

第十四条 乙方患职业病或因工负伤的工资和工伤保险待遇按国家和本市有关规定执行。

七、劳动保护、劳动条件和职业危害防护

第十五条 甲方建立健全生产工艺流程,制定操作规程、工作规范和劳动安全卫生制度及其标准。甲方对可能产生职业病危害的岗位,应当向乙方履行告知义务,并做好劳动过程中职业危害的预防工作。

第十六条 甲方为乙方提供必要的劳动条件以及安全卫生的工作环境,并依照企业生产经营特点及有关规定向乙方发放劳防用品和防暑降温用品。

第十七条 甲方应根据自身特点有计划地对乙方进行政治思想、职业道德、业务技术、劳动安全卫生及有关规章制度的教育和培训,提高乙方思想觉悟、职业道德水准和职业技能。

乙方应认真参加甲方组织的各项必要的教育培训。

八、劳动合同的履行和变更

第十八条 甲方应当按照约定向乙方提供适当的工作场所、劳动条件和工作岗位,并按时向乙方支付劳动报酬。乙方应当认真履行自己的劳动职责,并亲自完成本合同约定的工作任务。

第十九条 甲、乙双方经协商一致,可以变更本合同的内容,并以书面形式确定。

九、劳动合同的解除

第二十条 经甲、乙双方当事人协商一致,本合同可以解除。

(续)

第二十一条　乙方提前三十日以书面形式通知甲方,可以解除本合同。乙方在试用期内提前三日通知甲方,可以解除本合同。

第二十二条　甲方有下列情形之一的,乙方可以解除本合同:

(一)未按照本合同约定提供劳动保护或者劳动条件的;

(二)未及时足额支付劳动报酬的;

(三)未依法为乙方缴纳社会保险费的;

(四)甲方的规章制度违反法律、法规的规定,损害乙方权益的;

(五)因《劳动合同法》第二十六条第一款规定的情形致使本合同无效的;

(六)法律、行政法规规定乙方可以解除本合同的其他情形。

甲方以暴力、威胁或者非法限制人身自由的手段强迫乙方劳动的,或者甲方违章指挥、强令冒险作业危及乙方人身安全的,乙方可以立即解除本合同,不需事先告知甲方。

第二十三条　乙方有下列情形之一的,甲方可以解除本合同:

(一)在试用期间被证明不符合录用条件的;

(二)严重违反甲方的规章制度的;

(三)严重失职,营私舞弊,给甲方造成重大损害的;

(四)乙方同时与其他用人单位建立劳动关系,对完成甲方的工作任务造成严重影响,或者经甲方提出,拒不改正的;

(五)因《劳动合同法》第二十六条第一款第一项规定的情形致使本合同无效的;

(六)被依法追究刑事责任的。

第二十四条　有下列情形之一的,甲方提前三十日以书面形式通知乙方或者额外支付乙方一个月工资后,可以解除本合同:

(一)乙方患病或者非因工负伤,在规定的医疗期满后不能从事原工作,也不能从事由甲方另行安排的工作的;

(二)乙方不能胜任工作,经过培训或者调整工作岗位,仍不能胜任工作的;

(三)本合同订立时所依据的客观情况发生重大变化,致使本合同无法履行,经甲、乙双方方协商,未能就变更本合同内容达成协议的。

第二十五条　乙方有下列情形之一的,甲方不得依据第二十四条的约定解除本合同:

(一)乙方如从事接触职业病危害作业但未进行离岗前职业健康检查,或者乙方为疑似职业病病人在诊断或者医学观察期间的;

(二)在甲方工作期间患职业病或者因工负伤并被确认丧失或者部分丧失劳动能力的;

(三)患病或者非因工负伤,在规定的医疗期内的;

(四)女职工在孕期、产期、哺乳期的;

(五)在甲方连续工作满十五年,且距法定退休年龄不足五年的;

（续）

（六）法律、行政法规规定的其他情形。

十、劳动合同的终止

第二十六条 有下列情形之一的,本合同终止:

（一）本合同期满的;

（二）乙方开始依法享受基本养老保险待遇的;

（三）乙方死亡,或者被人民法院宣告死亡或者宣告失踪的;

（四）甲方被依法宣告破产的;

（五）甲方被吊销营业执照、责令关闭、撤销或者甲方决定提前解散的;

（六）法律、行政法规规定的其他情形。

第二十七条 本合同期满,有第二十五条约定情形之一的,本合同应当续延至相应的情形消失时终止。但是,第二十五条第二项约定乙方丧失或者部分丧失劳动能力后终止本合同的情形,按照国家有关工伤保险的规定执行。

十一、经济补偿

第二十八条 有下列情形之一的,甲方应当向乙方支付经济补偿:

（一）乙方依照第二十二条约定解除本合同的;

（二）甲方依照第二十条约定向乙方提出解除本合同并与乙方协商一致解除本合同的;

（三）甲方依照第二十四条约定解除本合同的;

（四）除甲方维持或者提高本合同约定条件续订合同,乙方不同意续订的情形外,依照第二十六条第一项约定终止本合同的;

（五）依照第二十六条第四项、第五项约定终止本合同的;

（六）法律、行政法规规定的其他情形。

第二十九条 经济补偿按乙方在甲方工作的年限,每满一年支付一个月工资的标准向乙方支付。六个月以上不满一年的,按一年计算;不满六个月的,向乙方支付半个月工资的经济补偿。如乙方月工资高于本市上年度职工月平均工资三倍的,向其支付经济补偿的标准按本市上年度职工月平均工资三倍的数额支付,向其支付经济补偿的年限最高不超过十二年。

本条所称月工资是指乙方在本合同解除或者终止前十二个月的平均工资。

十二、补充条款和特别约定

第三十条 乙方为甲方的服务期自_____年_____月_____日至_____年_____月_____日。

第三十一条 乙方的竞业限制期限自_____年_____月_____日至_____年_____月_____日。竞业限制的范围为:_____。在竞业限制期间甲方给予乙方一定经济补偿,具体标准为:_____,支付方式为:_____。

十三、违反合同的责任

第三十二条 甲方违反本合同约定的条件解除、终止本合同或由于甲方原因订立的无效合同,给乙方造成损害的,应按损失程度承担赔偿责任。

第三十三条 乙方违反本合同约定的条件解除本合同或由于乙方原因订立的无效合同,给甲方造成经济损失的,应按损失的程度承担赔偿责任。

第三十四条 乙方违反服务期约定的,应承担违约金为:＿＿＿＿＿＿＿＿。

第三十五条 乙方违反竞业限制约定的,应承担违约金为:＿＿＿＿＿＿＿＿。

十四、其他

第三十六条 本合同未尽事宜,或者有关劳动标准的内容与今后国家、本市有关规定相悖的,按有关规定执行。

第三十七条 本合同一式两份,甲、乙双方各执一份。经双方签字盖章后生效。

甲方(盖章):　　　　　　　　　　乙方(签字):

委托代理人(签字)

　　年　月　日　　　　　　　　　　　　年　月　日

学 而 思 之

1. 你从上面例文中读到了哪些信息?请用自己的话复述。
2. 你会更关注《劳动合同》中的哪些信息?

学 习 导 航

1. 合同条款与双方权益密切相关,请务必仔细阅读

尤其是劳动者,由于对合同内容不熟悉甚至第一次见到,所以一定要仔细审阅所有条款。

2. 应注意工作地点和工作岗位的具体明确

在实践中,有很多劳动争议案件,是由于劳动合同中对工作岗位、工作地点约定不明确引起的。一些用人单位往往利用劳动者的不懂,钻这个空子,故意不把工作岗位、地点写明确,以达到随时、随意变更劳动者的工作岗位、工作内容、工作地点的目的,无限度地扩大用人单位的管理权。遇到此类情况时,劳动者往往很被动。

3. 审阅限制性条款

由于用人单位在劳动就业关系中常常处于较为有利的地位,因此有些公司在签订劳动合同时会利用这种优势,制定一些不合理的格式条款强迫劳动者接受,比如不合理的服务年限、苛刻的劳动纪律等条款。这类条款往往片面强化劳动者的义务,回避用人单位的责任,从而侵犯到劳动者的合法权益。虽然不是大多数公司都会这样做,但作为劳动者自身,却不能不防范。

4. 审阅试用期条款

看其是否符合劳动法规定。劳动法第十九条规定："劳动合同期限三个月以上不满一年的,试用期不得超过一个月;劳动合同期限一年以上不满三年的,试用期不得超过二个月;三年以上固定期限和无固定期限的劳动合同,试用期不得超过六个月"。

同一用人单位与同一劳动者只能约定一次试用期。以完成一定工作任务为期限的劳动合同或者劳动合同期限不满三个月的,不得约定试用期。有个别不良单位会滥用试用期,劳动者应注意这方面的合同条款。

法律规定合同期限分为以下三种:

(1) 有固定期限,如一年期限、三年期限等均属这一种。

(2) 无固定期限,合同期限没有具体时间约定,只约定终止合同的条件,无特殊情况,这种期限的合同应存续到劳动者到达退休年龄。

(3) 以完成一定的工作为期限,例如:劳务公司外派一位员工去另外一个公司工作,两个公司签订了劳务合同,劳务公司与外派员工签订的劳动合同期限是以劳务合同的解除或终止而终止,这种合同期限就属于以完成一定工作为期限的种类。用人单位与劳动者在协商选择合同期限时,应根据双方的实际情况和需要来约定。

5. 审阅违约条款

对于劳动者来说,一是要注意到有关违约责任是否合法、公平,二是要考虑自己的经济承受能力,避免日后因无力承担巨额赔偿金而陷入困境。

6. 关心"五险一金"

正规的公司和企业的职工,都必须涉及"五险一金",即养老保险、医疗保险、工伤保险、生育保险、失业保险、住房公积金。在签订劳动合同时,应当把这些问清楚。

写作点睛

劳动合同写作应当包括以下条款:①用人单位的名称、地址和法定代表人或者主要负责人;②劳动者的姓名、住址和居民身份证或者其他有效身份证件号码;③劳动合同期限;④工作内容和工作地点;⑤工作时间和休息休假;⑥劳动报酬;⑦社会保险;⑧劳动保护、劳动条件和职业危害防护;⑨法律、法规规定应当纳入劳动合同的其他事项。

随堂练笔

由于各类合同都有统一的范本,所以这一部分的内容不强调写作,而是以阅读为主。请在网上查阅相关资料,找到与自己专业相关的合同进行学习,并做好笔记。

相关拓展

如果就业单位离家远,你要考虑租房的问题;如果你将来自我创业,你还要租赁办公场所。租赁合同也是生活中运用最多的合同之一。

商铺租赁合同

出租方(以下简称甲方):上海市××贸易公司

承租方(以下简称乙方):上海××汽车美容店

根据《中华人民共和国合同法》及有关规定,为租赁商铺一事,双方在自愿、平等原则下经过充分协商,特订立本合同。

第一条　租赁内容

一、甲方将位于上海市××区××路××号营业用门面房租赁给乙方。甲方对所出租的房屋具有完全合法产权。

二、甲方租赁给乙方的房屋建筑面积为×××平方米,使用面积为×××平方米。甲方同意乙方所租房屋作为汽车美容经营使用,其范围以乙方营业执照为准。

三、甲方为乙方提供的房间内有:消防设施及供水供电设备。上述设备的运行及维修费用,包含在租金之内,乙方不再另行付费。

第二条　租赁期限

四、租赁期×年,自20××年×月×日起至20××年×月×日止。

第三条　租金及其他费用

五、合同有效年度租金共计为×××××××元(人民币)。

六、租金按月计算支付,每月为人民币×××××元。

七、水电费按实际使用数(计量)由乙方支付,不包含在房租内。

八、其他费用,双方协商补充于本条款内。

第四条　双方的权利和义务

九、甲方

(一)甲方应保证所出租的房屋及设施完好并能够正常使用,并负责日常维护、保养和维修。

(二)对乙方的房屋装修或改造时的方案进行监督和审查并及时提出意见。

(三)为乙方办理营业执照提供有效的房产证明及相关手续。

(四)甲方保证室内原有的电线、电缆满足乙方正常营业使用,并经常检查其完好性(乙方自设除外),发现问题及时向乙方通报。由于供电线路问题给乙方造成经济损失,甲方给予乙方全额赔偿。

(五)在合同期内,甲方不得再次引进同类商户。如违约应向乙方赔偿××××元人民币经济损失费,并清除该商户。

(六)甲方保证出租房屋的消防设施符合行业规定,并向乙方提供管辖区防火部门出具的电、火检合格证书复印件。

(七)上述设备、设施出现问题,甲方应及时修复或更换,如甲方不能及时实施,乙方有权代为修复或更换,费用(以发票为准)从房屋租金中扣除。

（续）

十、乙方

（一）在国家法律、法规、政策允许的范围内进行经营及办公。

（二）合同有效期内，对所租赁的房屋及设施拥有合法使用权。

（三）按合同内容交纳租金及其他费用。

（四）乙方在租赁期内不得将租赁房产全部或部分转租。承租方未经出租方同意，擅自将租赁物转租给第三人的，出租方可以解除租赁合同，没收定金。因转租造成租赁物损坏的，承租方还应承担赔偿责任。

第五条 付款方式及时间

十一、乙方在签订合同时付给甲方×××××元人民币作为定金，在正式入住后×日内支付第一个月的租金。定金在租赁期满，乙方搬出后返还乙方。

十二、乙方从第二次付租金开始，每次在每月×号前交付。

十三、乙方向甲方支付的各项费用可采用银行转账、支票、汇票或现金等方式。

第六条 房屋装修或改造

十四、乙方如需要对所租赁房屋进行装修或改造时，必须先征得甲方书面同意，装修改造的费用由乙方自负。在合同终止、解除租赁关系时，乙方装修或改造与房屋有关的设施全部归甲方所有（可移动设施除外）。

第七条 续租

十五、在本合同期满后，乙方有优先续租权。

十六、乙方如需续租，应在租期届满前二个月向甲方提出，并签订新租赁合同。

第八条 其他

十七、甲方和乙方中任何一方法定代表人变更、企业迁址、合并，不影响本合同继续履行。变更、合并后的一方即成为本合同当然执行人，并承担本合同的内容之权利和义务。

十八、本合同的某项条款需要变更时，必须用书面方式进行确定，双方订立补充协议，接到函件方在十日内书面答复对方，在十日内得不到答复视同同意，最后达成补充协议。

十九、双方各自办理财产保险，互不承担任何形式之风险责任。

第九条 违约

二十、合同生效后，甲方未能如数向乙方移交出租房屋及设备，属于甲方违约。甲方每天按年租金的1‰向乙方支付延期违约金。

二十一、在合同有效期内未经乙方同意，甲方单方面提高租金，乙方有权拒绝支付超额租金。

二十二、乙方未按时向甲方支付所有应付款项属于乙方违约，每逾期一天，除付清所欠款项外，每天向甲方支付所欠款1‰的违约金。超过六十日甲方有权采取措施，收回房屋。

（续）

二十三、因不可抗拒的因素引起本合同不能正常履行时，不视为违约。甲方应将乙方已预交的租金退还给乙方。

二十四、因甲方原因使乙方未能正常营业，给乙方造成经济损失，由甲方承担责任并赔偿乙方经济损失。

第十条　合同生效、纠纷解决

二十五、本合同经甲、乙双方单位法定代表人或授权代理人签字，乙方交付定金后生效。

二十六、在本合同执行过程中，若发生纠纷，由双方友好协商，如协商不成时，可申请有关部门仲裁，不服仲裁，可诉请房屋所在地人民法院解决。

二十七、本合同未尽事宜，由甲、乙双方协商解决，并另行签订补充协议，其补充协议与本合同具有同等法律效力。

二十八、甲、乙双方需提供的文件作为本合同的附件。

二十九、本合同正本一式两份，甲、乙双方各执壹份。

第十一条　其他

三十、本合同正文共三页，随本合同共四个附件。

附件：

1. 甲方有效房产证明复印件
2. 用电及防火安全合格证复印件
3. 甲方营业执照复印件
4. 乙方营业执照复印件

甲方：上海市××贸易公司　　　　　乙方：上海××汽车美容店

法人：×××（签字）　　　　　　　法人：×××（签字）

注册地址：上海市××路××号　　　注册地址：上海市××路××号

开户银行：工商银行××路营业所　　开户银行：建设银行××路营业所

账号：123456789　　　　　　　　　账号：987654321

签字日期：20××年×月×日　　　　签字日期：20××年×月×日

写 作 指 要

1. 租赁合同通常应有的条款内容

（1）租赁标的物。租赁标的物指合同双方共同指向的租赁物品，在例文里就是乙方向甲方租赁的商铺。合同中应当写清楚房屋地址、位置、面积以及性质（是居住房、办公房还是商业用房）。

（2）租期。在合同中，应明确写明租期与租赁期限，租期是指总共租赁的时间，是一年还是几年。租赁期限是指租赁的具体起止日期，租赁期限是承租方支付租金的依据。

如承租方超过租赁期使用租赁物,应支付给出租方超时使用的租金。

（3）租金。在合同中,应明确约定租金的支付方式,以现金支付或是通过银行转账的方式（采用银行转账需写上户名、银行账号）。支付时间,是实行按月支付、按季还是按年支付等。同时还应约定每月（季或年）的具体支付日期。

（4）保证金。在租赁合同订立时,合同双方当事人都尽量避免风险,预防欺诈,承租方应在合同订立前交给出租方一定的保证金（定金）,应根据实际情况在租赁物价值范围内决定押金的数额。同时对于保证金退还的条件,应进行明确约定。

（5）转租。在合同中明确约定承租方是否可以转租。作为承租方,经过出租方的同意,可以将租赁物转租给第三方,出租方和承租方原有的租赁关系不因转租而影响。承租方未经出租方同意,擅自将租赁物转租给第三方的,出租方可以解除租赁合同,因转租造成租赁物损坏的,承租方还应承担赔偿责任。

（6）保管责任。在合同中明确约定,承租方在租赁期间,应妥善保管租赁物,如果未尽妥善保管义务,造成租赁物及配套设施损毁、灭失的,应承担赔偿责任。

（7）维修责任。在合同中,对维修责任进行明确约定,出租方应确保租赁物符合约定用途,但也可以约定由承租方承担维修义务。

（8）违约责任与纠纷解决。在合同中,应明确约定双方的违约责任。如出现合同纠纷,应明确约定解决的程序和方法。

（9）其他事项。在合同中,双方可以根据实际情况作出其他的约定,以降低合同履行风险和保证合同顺利履行,并尽可能保障双方的合法、合理利益。

2. 承租商铺需要特别注意的事项

（1）房屋的用途和土地用途,必须确保房屋的类型为商业用房性质、土地用途是非住宅性质方可承租作为商铺使用,否则,将面临无法办出营业执照以及非法使用房屋的风险。

（2）房屋权利人必须确保与房屋权利人签署租赁合同。如果权利人有多人,必须全部同意租赁,以确保合同的有效性。

（3）房屋是否在近期内有动拆迁的可能,如有必要,应当在合同中明确约定如出现该情况而造成损失由谁承担。

（4）是否同意对该房屋进行必要的营业装修或局部改造。商铺租赁中,往往需要花费大额资金用于铺面装修,为了确保装修能够顺利进行,以及保障装修利益,在合同中应当明确约定出租人是否同意承租人对商铺进行装修,以及装修图纸或方案是否需要取得出租人同意等,若有特别的改建、搭建的,应当明确约定清楚,对于广告、店招位置也可约定清楚。

（5）因商铺经营的特殊性,对于水、电、电话线均可能有特殊需要,这些公共资源的供应又会受到各种因素影响,建议承租商铺前,应当先行考察是否满足使用需求,若不满足的,确定如何办理扩容或增量,以及办理扩容或增量所需费用,并在合同中明确约定相关内容,以及无法满足正常进行需求的情形下,承租人有免责解除合同的权利。

巩固练习

1. 毕业于上海市贸易学校的戴庆同学目前自主创业,开了一家日语学习培训机构,他通过上海信义房屋中介咨询有限公司选好了一家位于建国西路 201 号的商铺,请代该中介拟写这份商铺租赁合同。

2. 王晓明同学不久前收到了上海企想信息技术有限公司的录用通知,公司人事部决定和王晓明签订正式劳动合同。请代人事部拟写这份劳动合同。

3. 到网上搜索:购销合同、房屋买卖合同、借款合同,注意其文本格式,并把其核心条款摘录下来。

知识链接

一、劳动合同期限与服务期的差别

在劳动合同期限内,劳动者只要履行提前通知程序,就可解除劳动合同,劳动合同期限对劳动者并无实质的约束力。而在服务期内,劳动者不能随意解约,否则需承担违约责任。以下为你介绍劳动合同期与服务期之间的区别。

服务期是指用人单位和劳动者在劳动合同签订之时或劳动合同履行的过程之中,用人单位为劳动者支付了特别投资的前提下,劳动者同意为该用人单位工作一定期限的特别约定,是用人单位的投资回收期。劳动合同期限简称合同期,是劳动合同的必备条款,指用人单位与劳动者在劳动合同中约定的劳动合同履行期限。服务期是用人单位与劳动者另行约定的服务期限,可独立于劳动合同期限而适用。

合同期与服务期性质是不同的,合同期是《劳动合同法》规定的劳动合同必备条款之一,具有鲜明的法定性,包括固定期限、无固定期限、以完成一定工作任务为期限,用人单位和劳动者应当选择劳动合同的期限。而服务期是当事人以劳动合同或者专门协议的形式特别约定的,带有任意性的特征。

劳动合同期限的利益主要归属于劳动者,用人单位非法定理由不能随意解除劳动合同,而服务期的利益则完全归属于用人单位,劳动者在服务期内不能随意解约。并不是在任何情况下用人单位都可与劳动者约定服务期,《劳动合同法》第二十二条规定,用人单位为劳动者提供专项培训费用,对其进行专业技术培训的,可以与该劳动者订立协议,约定服务期。

《中华人民共和国劳动法》

二、发生劳动争议应如何处理

近年来,因劳动用工引起的劳动争议案件越来越多。应如何妥善处理劳动争议中用人单位与劳动者之间的关系,切实保障双方的合法权益,是摆在广大司法工作者面前的一个难题,同时,这对于劳动者来说,也是应当深入了解的内容。根据《中华人民共和国劳动法》和《中华人民共和国企业劳动争议处理条例》等规定,发生劳动争议的当事人,可以采取以下四种方式和程序解决其争议。

(1)协商解决。劳动争议发生后,当事人就争议事项进行商量,使双方消除矛盾,找出解决争议的方法。当然,协商解决并不是解决劳动争议的必经程序,只是国家对当事人自行解决劳动争议这种方式予以认可。不愿协商或者协商不成的,当事人可以并有权申请调解或仲裁。

(2)企业调解。劳动争议发生后,当事人可以向本单位劳动争议调解委员会申请调解,企业调解达成协议的,制作调解书,双方当事人应自觉履行(此协议不具有法律约束力);如果从当事人申请之日起三十日内未达成协议,则视为调解不成。当事人可以在规定的期限 60 天至 90 天内,向劳动争议仲裁委员会申请仲裁。另外,当事人不愿调解或调解达成协议后反悔的,也可直接向仲裁委员会申请仲裁。

(3)劳动仲裁。劳动争议一般由所在行政区域内的劳动争议仲裁委员会受理,当发生争议的单位与职工不在同一劳动争议仲裁委员会管辖地区时,由职工当事人工资关系所在地的劳动争议仲裁委员会处理。如果当事人任何一方对裁决不服,则应在收到裁决书 15 日内向当地人民法院起诉,期满不起诉的,裁决书即发生法律效力。

(http://china.findlaw.cn/laodongfa/laodongjieda/zhengyi/34568.html)

模块二　商贸往来

第五章

建立商务关系函

学前三思

1. 如果你在一家贸易公司工作,你会用什么方法开发你的新客户?
2. 如果让你拟写一封建立商务关系函,你会写哪些内容?
3. 你知道什么叫产品的卖点吗? 为什么"卖点"这个内容在推销函中最重要?

情景勾勒

小艾开始上班了。销售部经理给了小艾一张名片,要求他据此向××电子元件公司×××经理发一封邀请建立商务关系函。

学习例文

建立商务关系函

×××经理先生:

　　您好! 日前我们在广交会上参观了贵公司的展台,贵公司的产品给我们留下了深刻的印象。我们希望与贵公司建立商务关系。

　　我公司是从事电子产品贸易的国营企业,位于滨江市,有着30余年电子产品贸易经验,在电子产品贸易方面有着广泛的人脉,在业内有很好的口碑。如条件合适,我们愿意成为贵公司产品的销售伙伴。期待着与贵公司的合作取得双赢。

　　盼复并致

商祺

　　　　　　　　　　　　　　　　　　滨江市××贸易公司销售部

　　　　　　　　　　　　　　　　　　　　经理:×××

　　　　　　　　　　　　　　　　　　××××年××月×日

学 而 思 之

1. 写这份文书的目的是什么？
2. 这份文书中都包含了哪些内容？请一一列举出来。

学 习 导 航

这是一封希望为对方销售产品的函，通常情况下，对方都非常乐意接受这种邀请。因为建立商务关系函多为首次联系，所以这种函件的主体部分应包含如下内容：

(1) 说明是如何知道对方公司的(第一段第1句)。
(2) 说明去函目的(第一段第2句)。
(3) 本公司介绍(第二段第1句)。
(4) 进一步具体表明态度(第二段第2、第3句)。

写 作 点 睛

建立商务关系函写作主要从以下四个方面着笔：①说明你是从何处得知对方的信息的；②介绍自己的公司；③期望与对方建立业务关系；④期盼尽快回信。

随 堂 练 笔

请根据下面材料写一份邀请建立商务关系函。

上海蓓蕾贸易公司是一家经营棉制品的公司，希望尽早与无锡梦飞纺织品公司建立起业务关系，于是去函给梦飞纺织品公司的总经理李非，并随函附上产品说明书。

相 关 拓 展

推销函是推销产品或服务的函，也是一种希望建立商务关系的函。请看下面的这份推销函。

推 销 函

×××经理先生：

　　您好！从市场获悉贵公司从事电子医疗仪器生产。我公司系××牌电子产品接插件的专门经销商，在此，我们向您推荐××牌各类电子标准接插件。

(续)

　　××牌电子接插件产品在高精密的电子和光纤连接器领域一直处于国内领先地位,其高品质插拔连接器被广泛应用在各种具有挑战性的环境和场合,诸如医疗设备、工业控制、检测和测量设备、广播电视和通讯、核工业和军工等领域,可以为贵公司医疗仪器产品的质量提供可靠的保证。

　　我公司长期经销该品牌全系列产品,我们愿意以优惠的价格向贵公司长期供货,具体供货价格请见报价单。有任何疑问敬请咨询。

　　我公司专业经营电子产品销售已逾20年,期待与贵公司愉快合作。

　　公司地址:滨江市××路××号

　　联系电话:12345678　　联系人:艾××

　　邮箱:×××××××@sina.com

　　　　　　　　　　　　　　　　　　滨江市××贸易公司销售部

　　　　　　　　　　　　　　　　　　20××年×月×日

附件:报价单一份(略)

写 作 指 要

　　这是一封产品推销函,和建立商务关系函一样,都是希望建立贸易关系,但两者有很大的不同,建立商务关系函是帮人家卖东西,一般都受到欢迎;推销函是推销自己的产品,常常遭到冷遇。

　　1. 写作要求

　　(1) 要对产品熟悉,不仅仅是要对自己的产品十分熟悉,而且对其他同类产品也要很熟悉。不仅了解自己产品的优缺点,也要了解市场其他同类主流产品的优缺点。

　　(2) 清楚自己产品的卖点在哪里。所谓卖点,其实主要就是指质量、价格、创新等方面。市场有句话叫:人无我有,人有我优,人优我廉,人廉我新。第一句讲创新,第二句讲质量,第三句讲价格,第四局又回到第一句,开始新的循环。

　　2. 写作要点

　　(1) 告知对方是怎样知道对方需求信息的,通常只要一句话就可以了。

　　(2) 告知对方我们是产品的专业生产商或供应商,在货品质量上有保证,价格上有优势,这部分也只要一两句话就可以了。

　　(3) 产品描述,通常包含品牌、品名、性能、材料、规格等方面,这部分内容是重点,应当抓住产品的特色作比较详细的介绍。

　　(4) 简单介绍公司,希望得到回复并乐意提供任何咨询。

　　(5) 提供联系方式。

巩固练习

1. 上海华鑫进出口公司主要经营绣品、草竹编、灯具、涤纶花、珠宝首饰以及仿古器物和书画等工艺品。目前商品在欧美、亚洲等许多国家极为畅销,深受消费者的喜爱。希望尽早与意大利信腾公司开展贸易合作。于是去函并寄上一套涤纶花样照。请拟写这份推销函。

2. 美国恩泰贸易公司主要经营工业机械零件,从上海工业博览会上了解到上海第二机械有限公司生产的工业机械零件质优价廉,于是向上海第二机械有限公司去函,希望双方建立起业务关系。请拟写这份建立商务关系函。

3. 上海鑫贸有限公司主要经营化学产品的进出口业务。在《化学》杂志上看到贵州化工有限公司的名称及地址,非常希望与之建立商务关系。请代为拟写这份建立商务关系函。

知识链接

一、商务信函的作用与 7C 原则

商务信函的作用:一是索取信息或传递信息;二是处理商务交流中有关事宜;三是联络与沟通感情。

商务信函的写作应掌握 7C 原则,即:完整(completeness)、正确(correctness)、清楚(clearness)、简洁(conciseness)、具体(concreteness)、礼貌(courtesy)、体谅(consideration)。

(1)完整:商务信函应完整表达所要表达内容和意思,何人、何时、何地、何事、何种原因、何种方式等。

(2)正确:表达的用词用语及标点符号应正确无误,因为商务信函的内容大多涉及商业交往中双方的权利、义务以及利害关系,如果出错势必会造成不必要的麻烦。

(3)清楚:所有的词句都应能够非常清晰明确地表达真实的意图,避免双重意义的表示或者模棱两可。用最简单普通的词句来直截了当地告诉对方。

(4)简洁:在无损于意思表达和礼貌的前提下,用尽可能少的文字清楚表达真实的意思。清楚和简洁经常相辅相成,摒弃信函中的陈词滥调和俗套,可以使交流变得更加容易和方便。一事一段会使信函清楚易读并富有吸引力。

(5)具体:内容当然要具体而且明确,尤其是要求对方答复或者对之后的交往产生影响的信函。

(6)礼貌:文字表达的语气上应表现出一个人的职业修养,客气而且得体。最重要的礼貌是及时回复对方,从不怀疑甚至计较对方的坦诚。商务交往中肯定会发生意见分

歧,但礼貌和沟通可以化解分歧。

（7）体谅：为对方着想，这也是拟定商务信函时的原则。在起草商务信函时，始终应该以对方的观点来看问题，根据对方的思维方式来表达自己的意思，只有这样，与对方的沟通才会有成效。

〈http://career-english.yjbys.com/Letters/701553.html〉

二、经典小故事

1. 两句话推销自己

这天早上，公司的主管派两名刚聘用的推销员出去推销产品。两名推销员走后，主管和副主管在办公室里闲聊。主管说："我认为推销员甲能力比较强，估计今天他推销的产品要多些。"主管比较看好推销员甲，甲能说会道，善于交际。副主管接过话茬说："这也不一定，推销员乙也不错。"副主管比较看好推销员乙，乙沉着稳重，做事认真。

到了下午，两名推销员先后归来。结果甲一件产品也未推销出去，乙却满载而归，签了不少的订单。主管有些纳闷，甲的能力明明比乙强，为什么结果反差这么大呢？难道自己看走眼了不成？主管不太相信，他觉得自己看人一向很准，可能是乙今天的运气比甲好。

第二天，主管将甲安排在容易签单的商业街，将乙安排在难度大一些的市民区，他猜想这次甲的业绩肯定比乙好。可是，一切出乎他的意料，下午回来，甲只推销出去几件产品，乙仍然收获颇丰。

第三天，主管又将他们对换一下，让乙去商业街。让甲去市民区，结果还是一样，乙的业绩远远超出甲。这是怎么回事呢？主管经过调查后发现，原来，乙每推销一件产品都会对顾客说两句话，第一句话是："请您帮帮忙。"第二句话是："谢谢您的帮忙。"

为何这样普普通通的两句话，能收获如此神奇的效果呢？只要我们有过一两次类似的经历，就不难理解了。当一个人对你说"请您帮帮忙"时，其实，他已经将自己扮演成一个弱者，而将你衬托为一个善良而又有爱心的强者：对于一个弱小的人向你救助，你忍心拒绝吗？我们人类有一个共同特点，那就是喜欢同情和帮助弱小。乙正是抓住了这一点，以自己的弱小卑微突出别人的伟大，满足了人们强者的心理。

"请您帮帮忙"还有另一层意思，遇到困难找别人帮忙，帮忙的人一般来说都是自己的亲人、朋友或熟人。话一出口，不知不觉地就拉近了彼此的距离，化解顾客对陌生人的排斥和防备心理，潜意识里就是"既然是朋友那就帮帮他吧"。

"谢谢您帮忙。"则是在接受别人的馈赠或帮助后对别人的感谢。本来这只是一桩普普通通的买卖关系，经这么一说，买东西的人就从顾客的身份，变成乐善好施的慈善者，卖东西的人则成了需要帮助的接受者。尽管结果是一样，但是，人的情感体验却完全不同。帮助别人得到别人的感谢，这是一件很开心的事。而你付钱，别人给你东西，这是天经地义的事，没有什么值得欣喜的，更不会有富足感和成就感。而甲的失败就在于他太能说会道。在别人的面前他处处表现得能力十足，将别人衬托得一无是处。

在生活和工作中，当我们需要别人的支持时，不妨多对他人说"请您帮帮忙""谢谢您的帮忙"。

(http://www.xiaogushi.com/Article/renwu/20110308135206.htm)

2. 乔·吉拉德如何推销自己

很多年前，乔·吉拉德就养成一个习惯：只要碰到人，左手马上就会到口袋里去拿名片了。

"给你一个选择：你可以留着这张名片，也可以扔掉它。如果留下，你知道我是干什么的、卖什么的，细节全部掌握。"

吉拉德说："如果你给别人名片时想，这是很愚蠢很尴尬的事，那怎么能给出去呢？"

他到处用名片留下他的痕迹。每次付账时，他都不会忘记在账单里放上两张名片。去餐厅吃饭，他给的小费每次都比别人多一点点，同时主动放上两张名片。因为小费比别人的多，所以人家肯定要看看这个人是做什么的，分享他成功的喜悦。人们在谈论他、想认识他，根据名片来买他的东西，经年累月，他的成就正是来源于此。

他甚至利用看体育比赛的机会来推广自己。他订了最好的座位，带去1万张名片。当人们为明星的出场而欢呼的时候，他把名片扔了出去。于是大家欢呼：那是乔·吉拉德——已经没有人注意那个明星了。

吉拉德送名片并不只送一张，他知道，送一张名片是普通的做法。想一想，你接到的名片有多少，你还记得多少？他至少送给他见过的人两张名片。

中国成功学家陈安之说，在吉拉德的一次演讲会上，他并没有去索要名片，但是，碰见他的人，都主动要送给他吉拉德的名片，不一会儿工夫，他手里就有五六张吉拉德的名片。吉拉德1周之内要送出1万张名片。他说，世界上最伟大的推销员，现在正在卖名片，而他以此为荣。

(http://www.cye.com.cn/hudong/20090418235012.htm)

第六章

询 价 函

1. 你在购物时,对于"讨价还价"有什么经验分享?

2. 如果你有一批货物要通过物流公司送给客户,你向物流公司询价时要告诉对方什么信息?

3. 为了争取客户,在报价时把价格尽量报低,你认为这种做法可行吗?

情 境 勾 勒

小艾收到一封××音响设备制造公司关于电子元器件自动检测仪的询价信,哇,有希望接到订单了! 他可兴奋了。

学 习 例 文

询 价 函

滨江市××贸易公司销售部:

我公司拟采购电子元器件自动检测仪。特向贵公司发询价函。

一、规格与数量

型号:DZZJCY-2500,数量5台。技术参数和性能要求见附件。

二、报价时间及地址

请贵单位就以上设备在20××年×月×日下午4:00之前通过传真向我处报价。本报价一经我方认可,即为签订合同的最终依据。

三、供应商复函须知

1. 报价函应由贵公司加盖公章。报价函应包括备品备件、运输、协助安装和调试、检验、技术培训及售后服务、税金等费用的说明。

2. 供应商在报价函中需就以下条款给予说明:

(1) 供货时间:20××年×月×日前,供货地点:×××××××;

（续）

（2）提供设备的规格表（包括设备、备品备件等的规格性能、产地、技术参数、主要功能说明等内容）；

（3）供货设备质量满足设计和国家及相关行业标准；

（4）提供设备及服务的明细报价及汇总报价；

（5）交货期及相关售后质量及服务承诺。

3. 采购合同由成交单位与我处签订。询价函、报价函及其澄清文件均为采购合同的组成部分。

四、联系方法

地址：××市××路××号　　邮编：×××××

电话：××××××××　　传真：×××××××　　联系人：×××

邮箱：×××××××@×××.com

××市××音响设备公司技术部

20××年×月×日

附件：技术参数和性能要求表一份（略）

学 而 思 之

1. 这份询价函就"询价"内容写得非常明确具体，请你列举文中相关的询价信息。

2. 例文中，询价方要求报价方的"报价函应由贵公司加盖公章"，为什么？请从文中找到关键句子回答。

学 习 导 航

1. 询价函是指交易一方欲购买或出售某种商品，向对方发出的探询买卖该商品及有关交易条件的一种信函。询价是联系客户的一种方法，也是了解市场行情的一种手段。询价对交易双方都没有法律上的约束力。询价多为买方发出。

2. 例文是一封采购某项具体设备的询价函。在正文中，通常都包含以下内容：①购买商品名称、规格、型号、数量；②要求对方在何时何地以何种方式报价；③报价函的注意事项和应当说明内容；④询价方的联系方式。

写 作 点 睛

询价函写作时要就事论事，先写明所询商品的信息，再写明对方报价的要求，最后提供联系方式。

随堂练笔

请根据下面材料写一则询价函。

上海凌羽茶行主要经营高档茶叶,因市场青睐婺源绿茶,于是有意订购。要求:品质为特级。规格为每包 150 克。同时要对方告知品种、单价、交货日期、结算方式,并于 2015 年 1 月 12 日前通过电子邮件给予答复。

相关拓展

当收到买方的询价函后,卖方如有意向,就会针对买方询价商品的有关信息进行答复,并发出报价函。

报 价 函

××市××音响设备公司技术部:

贵部来函收悉。兹按贵方需求报价如下:

商品:电子元件自动检测仪

型号:DZZJCY-2500

数量:5 台

单价:国产××牌每台 12 000 元

德国产××牌每台 35 000 元

包装:木框加标准硬质纸箱,每箱 1 台

结算方式:托付

交货方式:送货上门

送货日期:收到订单 7 日内

贵公司有任何疑问,欢迎再询,我们期待着为您服务。

联系人:艾××

联系电话:×××××××

联系地址:滨江市××路××号

电邮:×××××××@sina.com

滨江市××贸易公司销售部

××年×月×日

附件:以上两种品牌仪器详细技术参数表(略)

写作指要

1. 报价函是指商务活动中,卖方在接到客户的询价函后发出的回复性信函。

对于卖方而言,一封报价函意味着一次销售的好时机,所以回复报价函一定要及时、确切、周到,不要因为某些小疏忽而失去了潜在的客户。

2. 写作报价函时,开头通常写明对方来函收到或感谢对方的询价这样的句子,只要一句话就可以了。主体部分通常应该明确以下条款:①产品的数量;②产品的型号与规格;③产品价格;④产品包装;⑤产品结算方式;⑥产品发货方式、日期与地点等。

巩固练习

1. 上海第三副食品公司有意订购毛尖茶。要求:品质为一级。规格为每包 100 克。同时要对方告知品种、单价、交货日期、结算方式。请拟写这份函。

2. 根据上海第三副食品公司的询价函,以信阳禹茶有限公司的名义,拟写一份报价函。

3. 五华区政府采购中心受采购人的委托,拟依法公开组织询价采购七座商务车若干辆,欢迎具有供货能力的各厂(供应)商参加报价。报价内容包括:方式、时间、所附证明等。请拟写这份询价函。

知识链接

一、采购价格技巧

1. 欲擒故纵

由于买卖双方势力均衡,任何一方无法以力取胜,因此必须斗智;采购人员应该设法掩藏购买的意愿,不要明显表露非买不可的心态,否则若被供应商识破非买不可的处境,将使采购人员处于劣势。所以,此时采购人员应采取"若即若离"的姿态,以试探性的询价着手。若能判断供应商有强烈的销售意愿,再要求更低的价格,并作出不答应即行放弃或另行寻求其他来源的表示。通常,若采购人员出价太低,供应商无销售之意愿,则不会要求采购人员加价;若供应商虽想销售,但利润太低、即要求采购人员酌情加价。此时,采购人员的需求若相当急迫,可同意略加价格,迅速成交;若采购人员并非迫切需求,可表明绝不加价之意思,供应商极可能同意买方的低价要求。

2. 差额均摊

由于买卖双方议价的结果存在着差距,若双方各不相让,则交易告吹;采购人员无法取得必需的商品,供应商丧失了获取利润的机会,双方都是输家。因此,为了促成双方的交易,最好的方式就是采取"中庸"之道,即将双方议价的差额,各承担一半,结果双方都是赢家。

3. 迂回战术

在供应商占优势时,正面议价通常效果不好,此时应采取迂回战术才能奏效。现举一例说明如下:

某超市自本地总代理处购入某品牌化妆品,发现价格竟比同业某公司的购入价更高,因此要求总代理说明原委,并比照售予同业的价格。未料总代理未能解释个中道理,也不愿意降价。因此,采购人员就委托原产国的某贸易商,先行在该国购入该品牌化妆品,再转运至超市。这种转运安排虽然费用增加,但总成本还是比从总代理处购入的价格便宜。

4. 直捣黄龙

有些单一来源的总代理商,对采购人员的议价要求置之不理,一副"姜太公钓鱼,愿者上钩"的姿态,使采购人员有被侮辱的感觉。此时,若能摆脱总代理商,寻求原制造商的报价将是良策。现举一例说明如下:

某商场拟购一批健身器材,经总代理商报价后,采购人员虽然三番两次邀约前来议价,总是推三阻四,但总代理商不谈主题。后来,采购人员查阅产品目录时,随即发送要求降价12%的传真给原厂,只是存着姑且一试的心理。不料次日原厂回电同意降价,使采购人员雀跃不已,欣喜若狂。

由上述的事例中可知,采购人员对所谓的总代理应在议价的过程中辨认其虚实,因为有些供应商自称为总代理,事实上,却并未与原厂家签订任何合约或协议,只想借总代理之名义自抬身价,获取超额利润。因此,当采购人员向原厂家询价时,多半会获得回复。但是,在产、销分离制度相当严谨的国家,如日本,则迂回战术就不得其门而入。因为原厂通常会把询价单转交当地的代理商,不会自行报价。

5. 衰兵姿态

在经营者居于劣势情况下,采购人员应以"衰兵"姿态争取供应商的同情与支持。由于采购人员没有能力与供应商议价,有时会以预算不足作借口,请求供应商同意在其有限的费用下,勉为其难地将货品卖给他,而达到减价的目的。一方面采购人员必须施展"动之以情"的议价工夫,另一方面应口头承诺将来"感恩图报",换取供应商"来日方长"的打算。此时,若供应商并非血本无归,只是削减原本过高的利润,则双方可能成交。若采购人员的预算距离供应商的底价太远,供应商因无利可图,并不会为采购人员的诉求所动。

6. 釜底抽薪

为了避免供应商处于优势下攫取暴利,采购人员应同意让供应商有"合理"的利润,否则胡乱杀价,仍然给予供应商可乘之机。因此,通常由采购人员要求供应商提供所有成本资料。以国外货品而言,则请总代理商提供一切进口单据,借以查核真实的成本,然后加上合理的利润作为采购的价格。

二、议价的技巧

1. 直接议价的技巧

由于环境的快速变化,如国际局势动荡、原料的匮乏等,往往造成供应商有机可乘,进而提高售价,形成卖方市场。此时采购部门责任更为重大,若能发挥议价协商的技巧,则能针对卖方所提高的售价,予以协议商谈,达到降价的目的。直接议价可以采用下列四种技巧来进行。

(1) 虽然售价提高,采购人员仍以原价订购。当供应商提高售价时,往往不愿意花太多时间在重复议价的交涉上,因此若为其原有之顾客,则可利用此点,要求沿用原来价格购买。

(2) 采购人员直接说明预设底价。在议价过程中,采购人员可直接表明预设的底价,如此可促使供应商提出较接近该底价的价格,进而要求对方降价。

(3) 不干拉倒。此技巧是一个较激进的议价方式,此法虽有造成火爆场面的可能,但在特定情况下仍不失为一个好的议价技巧,此法适用于:①当采购人员不想再讨价还价时;②当议价结果已达到采购人员可以接受的价格上限。

在上述两种情况下,采用"不干拉倒"的强硬手段,往往能扭转供应商的态度,进而有所让步。

(4) 要求说明提高售价的原因。供应商提高售价,常常归因原料上涨、工资提高、利润太薄等原因。采购人员在议价协商时,应对任何不合理的加价提出质疑,如此可掌握要求供应商降价的机会。

2. 间接议价技巧

(1) 议价时不要急于进入主题。在开始商谈时,最好先谈一些不相关的话题,借此熟悉对方周围事物,并使双方放松心情,慢慢再引入主题。

(2) 运用"低姿势"。在议价协商时,对供应商所提之价格,尽量表示困难,多说"唉!""没办法!"等字眼,以低姿势博取对方同情。

(3) 尽量避免书信或电话议价,而要求面对面接触。面对面的商谈,沟通效果较佳,往往可借肢体语言、表情来说服对方,进而要求对方妥协,予以降价。

3. 其他技巧

在进行议价协商的过程中,除了上述针对价格所提出的议价技巧外,采购人员亦可利用其他非价格的因素来进行商议。

(1) 在协商议价中要求供应商分担售后服务及其他费用。当供应商决定提高售价,而不愿有所变动时,采购人员不应放弃谈判,但可改变议价方针,针对其他非价格部分要求获得补偿。最明显的例子,便是要求供应商提供售后服务,如大件家电的维修、送货等。在一般的交易中,供应商通常将维修送货成本加于售价中,因此常使采购人员忽略此项成本。所以在供应商执意提高售价时,采购人员可要求供应商负担所有维修送货成本,而不将此项成本进行转嫁,如此也间接达到议价目的。

（2）善用"妥协"技巧。在供应商价格居高不下时，采购人员若坚持继续协商，往往不能达到效果，此时可采用妥协技巧，在少部分不重要的细节，可作出让步，再从妥协中要求对方回馈。如此亦可间接达到议价的效果。但妥协技巧的使用须注意：①一次只能做一点点的妥协，如此才能留有再妥协的余地；②妥协时马上要求对方给予回馈补偿；③即使赞同对方所提的意见，亦不要太快答应；④记录每次妥协的地方，以供参考。

（3）利用专注的倾听和温和的态度，博得对方好感。在议价协商的过程中，威胁吼叫，咄咄逼人并非制胜的武器。因为即使取得了这次的合作，也难保下次合作的意愿。因此采购人员在协商过程中，应仔细地倾听对方说明，在争取权益时，可利用所获得的对方资料，或法规章程，合理地进行谈判。即"晓之以理，动之以情，绳之以法"。

（http://www.cy580.com/content/2013/10/23/show205779.html）

第七章

订 购 函

1. 在网购商品时,你需要告知商家哪些信息?

2. "本月服装销售、订购量共计人民币 30 万元,增加了 8‰",你认为这句话的表述对吗? 为什么?

3. 在贸易往来中,你知道"结算方式"有哪些吗?

情 境 勾 勒

小艾收到××音响设备公司发来的订购函,随即通知仓库准备发货,并立即回复了确认订购函。

学 习 例 文

订 购 函

函号 2013045

滨江市××贸易公司销售部:

贵公司××××年×月×日报价单收悉。我方接受贵公司报价,特订购下列商品:

商品名称:电子元件自动检测仪

品牌:国产××牌

型号:DZZJCY-2500

数量:5 台

单价:每台 12 000 元

总价:人民币陆万元整(¥60 000.00)

结算方式:商业汇票

交货时间:20××年×月×日前

交货地点:××市××路××号(我公司仓库)

(续)

请按时送达货物。我公司接到贵公司装运通知函后,将于 2 日内支付 50% 的货款,待验货确认后再付清全部货款。

××市××音响设备公司技术部(公章)

经理×××(签字)

20××年×月××日

学而思之

1. 这份订购函为什么要有"函号"?

2. ××市××音响设备公司为什么要分两次支付货款?

学习导航

1. 订购函是指买方依据双方协商好的条件向卖方订购所需货物的信函。

2. 订购函要把商品的名称、型号规格、单价、结算方式、交货时间和地点等信息写得非常具体明确。

3. 落款部分要加盖单位公章及经理签字以示慎重。

写作点睛

写作订购函时,要把所订购商品的信息分条写明,主要包括:商品名称、品牌、型号规格、数量、单价、总价、结算方式、交货时间和地点等内容。

随堂练笔

假设你公司要采购 20 台办公用电脑,经比价,确定订购某公司的报价。请拟写一份订购函,具体内容可合理自拟。

相关拓展

公司订货后,怎么样才能保证订货有效呢? 那么就要用到确认订购函。

确认订购函

函号×××××

××音响设备公司技术部:

贵公司××××年×月×日的订购函(×××××××号)收悉,谢谢你们对我公

（续）

司的信任！我公司即予执行此订单。我们将按贵公司要求运达所订货物，一俟办好货运手续，我们即向贵公司寄送装运通知函。

根据商业汇票的规定，我方通过××银行开出贵公司为付款人的银行承兑汇票，面额为×××元，承兑期限为 3 个月。十分感谢贵公司的惠顾，希望能再次合作。

滨江市××贸易公司销售部

20××年×月××日

写作指要

1. 确认订购函也是回函，所以开头也应该表示来函收悉，如果对方来函有函号的话，要写明函号，以免出差错。

2. 确认订购函的主要内容是告知对方订购函的执行情况以及付款方式。

3. 不要忘了向对方表示感谢并提出继续合作的愿望。

巩固练习

1. 上海新泰有限公司收到无锡永华电子有限公司的报价单，想要订购 EPSON LQ－100 打印机、STAR AR－2463 打印机、CICIAEN CKP－5240 打印机各 10 台。希望在 2015 年 9 月底前交货，交货地点在上海市永达仓储部，以转账支票方式结算。请代为拟写这份订购函。

2. 无锡永华电子有限公司收到上海新泰有限公司的订购函，马上予以答复，并发出一份确认订购函。请代为拟写这份确认订购函。

3. 南京华鑫有限公司主要经营农副产品。现要向杭州糖业公司订购一批蔗渣。具体要求：打包好的蔗渣 20 吨，分成 5 个月供货，每月供货 4 吨。由××糖厂供货。请代为拟写这份订购函。

知识链接

一、经典小故事

1. 两个消费者的不同经历

在天堂门口，有两个异国老太太相遇了。上帝让她们各自说出自己一生最高兴的事情。

"我攒了一辈子的钱,终于住了一天新房子,我这一辈子活得也不冤啊。"中国老太太高兴地说。

"我住了一辈子的房子,在我去世之前终于把买房子的贷款还清了。"美国老太太也高兴地说。

上帝叹了口气,说,"选择不同,效果也是不同的。"

启示:我国许多消费者传统的消费意识,使其在消费能力有限的情况下不愿选择消费信贷,只能造成中国老太太的悲哀。

2. 完美的厕所

有一户人家,住在市镇与市镇之间的路上,以种菜为生,颇为肥料不足所苦。有一天,家长灵机一动:"在这条路上,来往贸易的人很多,如果能在路边盖一个厕所,一方面给过路的人方便,另一方面也解决了肥料的问题。"

他用竹子与茅草盖了一间厕所,果然来往的人无不称赞,种菜的肥料从此不缺,青菜萝卜也长得肥美。

路对面有一户人家,也以种菜为主,看了非常羡慕,心想:"我也应该在路边盖个厕所,为了吸引更多的人来上厕所,我要把厕所盖的清洁、美观、大方、豪华。"

于是,他用上好的砖瓦搭盖,内外都刷上石灰,还比对面的厕所大上一倍。完工之后,他觉得非常满意。

奇怪的是对面的茅厕人来人往,自己盖的美观厕所却无人问津,后来问了过路人,才知道因为他的厕所盖得太美,太干净,一般人以为是神庙,内急的人当然是跑茅厕,不会跑神庙了。

启示:要有针对性地对顾客开展工作,如果看到竞争对手采取了行动而自己缺乏周密性计划并仓促上马,那么所做的工作再完美也可能导致失败。

（http://wenku. baidu. com/link? url ＝ bINZ ＿ KTOW0PrnkP4LT8hRrYineis BnoMJQYQeaJYoAQAL8ecv）

二、有关自贸区的一些知识

自由贸易区(Free Trade Area)通常指两个以上的国家或地区,通过签订自由贸易协定,相互取消绝大部分货物的关税和非关税壁垒,取消绝大多数服务部门的市场准入限制,开放投资,从而促进商品、服务和资本、技术、人员等生产要素的自由流动,实现优势互补,促进共同发展;有时它也用来形容一个国家内部,一个或多个消除了关税和贸易配额,并且对经济的行政干预较小的区域。

1. 对自由贸易区的定义的两个主要依据

(1) 1973 年,国际海关理事会签订的《京都公约》,将自由贸易区定义为:"指一国的部分领土,在这部分领土内运入的任何货物就进口关税及其他各税而言,被认为在关境以外,并免于实施惯常的海关监管制度。"

(2) 美国关税委员会给自由贸易区下的定义是:自由贸易区对用于再出口的商品在

豁免关税方面有别于一般关税地——是一个只要进口商品不流入国内市场便可免除关税的独立封锁地区。自由贸易区的另一种官方解释,是指两个或两个以上的国家(包括独立关税地区)根据 WTO 相关规则,为实现相互之间的贸易自由化所进行的地区性贸易安排(Free Trade Agreement：FTA 自由贸易协定)的缔约方所形成的区域。这种区域性安排不仅包括货物贸易自由化,而且涉及服务贸易、投资、政府采购、知识产权保护、标准化等更多领域的相互承诺,是一个国家实施多双边合作战略的手段。

2. 自由贸易区的作用

自由贸易区内允许外国船舶自由进出,外国货物免税进口,取消对进口货物的配额管制,也是自由港的进一步延伸,是一个国家对外开放的一种特殊的功能区域。

自由贸易区除了具有自由港的大部分特点外,还可以吸引外资设厂,发展出口加工企业,允许和鼓励外资设立大的商业企业、金融机构等促进区内经济综合、全面地发展的项目。自由贸易区的局限在于,它会导致商品流向的扭曲和避税。如果没有其他措施作为补充,第三国很可能将货物先运进一体化组织中实行较低关税或贸易壁垒的成员国,然后再将货物转运到实行高贸易壁垒的成员国。为了避免出现这种商品流向的扭曲,自由贸易区组织均制订"原产地原则",规定只有自由贸易区成员国的"原产地产品"才享受成员国之间给予的自由贸易待遇。理论上,凡是制成品在成员国境内生产的价值额占到产品价值总额的 50％以上时,该产品应视为原产地产品。一般而言,第三国进口品越是与自由贸易区成员国生产的产品相竞争,对成员国境内生产品的增加值含量越高。原产地原则的涵义表明了自由贸易区对非成员国的某种排他性。现实中比较典型的自由贸易区如北美自由贸易区(North America Free Trade Area)。

3. 自由贸易区的形式

广义的自由贸易区:中日韩自由贸易区(中国、日本、韩国)、如北美自由贸易区(简称 NAFTA,包括美国、加拿大、墨西哥)、美洲自由贸易区(简称 FTAA,包括美洲 34 国)、中欧自由贸易区(简称 CEFTA,包括波兰、匈牙利、捷克、斯洛伐克、斯洛文尼亚、罗马尼亚和保加利亚)、东盟自由贸易区(简称 AFTA,包括东盟 10 国)、欧盟与墨西哥自由贸易区、中国与东盟自由贸易区等。

狭义的自由贸易区:如巴拿马科隆自由贸易区、德国汉堡自由贸易区、美国纽约 1 号对外贸易区等。

4. 上海设立自由贸易区的意义

中国(上海)自由贸易试验区(以下简称上海自贸区)于 2013 年 9 月 29 日上午正式挂牌。而在之前,国务院印发上海自贸区的总体方案规定了政府职能转变、金融制度、贸易服务、外商投资和税收政策等多项改革措施,当然总体方案有待上海市政府出台的有关细则具体落实。专家分析,上海自贸区旨在通过开放促进国内改革,打造中国经济的升级版;实行负面清单管理和扩大服务领域开放,外资在上海自贸区的空间更大;金融改革有助于国内市场一体化,但需防范资本转移和套利风险;而税收优惠不是上海自贸区的改革重点,力度低于预期。

"设立上海自贸区的意义不亚于当年中国在深圳设立特区。"对外经济贸易大学国际经济研究院副院长庄芮在接受中新网采访时说道。既然上海自贸区被赋予了如此重要的地位，那么具体而言，上海自贸区的作用在哪里？我们从外贸、投资、金融等方面来看一下。

1）贸易领域

上海自贸区涵盖上海四个海关特殊监管区：外高桥保税区、外高桥保税物流园区、洋山保税港区和浦东机场综合保税区。这28平方公里，正是目前上海市综合保税区的统管范围。自贸区与保税区在货物贸易方面的作用基本一致。

上海自贸区内实施"一线放开，二线安全高效管住"。"一线"指国境线，"二线"指自贸区和内地的分界线。"一线放开"，是指境外及区内的货物可以不受海关监管自由出入境。这样操作是为了更大限度地吸引外资，把自贸区打造成新一轮改革的示范点。"二线安全高效管住"，是指货物从自由贸易区出入非自由贸易区要征收相应的税收。加上"安全""高效"，这是为了加强自贸区商品入境的管控，兼顾境内市场的稳定和金融市场的效率。

二线监管模式与一线监管模式相衔接，推行"方便进出，严密防范质量安全风险"的检验检疫监管模式。加强电子账册管理，推动上海自贸区内货物在各海关特殊监管区域之间和跨关区便捷流转。

上海自贸区内通常推行"境内关外"的保税政策，在区域内允许外国商品货物豁免关税，免除通关、清关的手续，可在区域内自由流通或再出境。这与现有的保税区作用类似，对物流中转、商品买卖、进出口代加工等企业有直接的好处。

除此之外，上海自贸区对贸易方面的鼓励措施包括：鼓励跨国公司建立亚太地区总部，建立整合贸易、物流、结算等功能的营运中心；深化国际贸易结算中心试点，拓展专用账户的服务贸易跨境收付和融资功能；支持上海自贸区内企业发展离岸业务；上海自贸区鼓励企业统筹开展国际国内贸易，实现内外贸一体化发展；加快培育跨境电子商务服务功能，试点建立与之相适应的海关监管、检验检疫、退税、跨境支付、物流等支撑系统。

2）外商投资准入

上海自贸区将探索建立负面清单管理模式，借鉴国际通行规则，对外商投资试行准入前国民待遇。所谓负面清单，即除了清单上规定不能干的，其他都可以干，且不再需要政府事前审批。目前已选择金融、航运、商贸、文化等服务领域扩大开放。在29日的挂牌仪式上，共成立35家区内新企业，其中11家是外资或合资企业。

此前，许多外资企业的设立、合并等需要报审批机关批准，而上海自贸区暂时调整《中华人民共和国外资企业法》《中华人民共和国中外合资经营企业法》和《中华人民共和国中外合作经营企业法》规定的有关行政审批，暂停了多项行政审批，改为备案管理。

3）金融服务

上海自贸区成为中国金融改革的"试验田"。据国务院方案，在上海自贸区内对人民币资本项目可兑换、金融市场利率市场化、人民币跨境使用等方面进行先行先试。这几方面都是中国金融改革的关键问题，如果放开，对企业的贸易结算便利化、投融资自由化，都会产生积极影响。特别是鼓励跨境投融资服务，对企业"走出去"是一大助力。

分析人士指出,上海自贸区的意义不单是对外贸易的便利化,更重要的是通过金融服务等方面的配套改革,以进一步扩大开放。根据最新消息,上海自贸区内中外资、民资将可设立银行等金融机构,浦发等银行已将其区内的分行升级为一级分行,上海自贸区内金融服务改革正走上轨道。

（编者根据相关资料整理）

第八章

装运通知函

1. 如果公司要你向客户催款,你可以对客户用强烈的语气吗?
2. 请比较"降低 70%""降低了 70%"和"降低到 70%"所表达的不同含义。
3. 在与客户打交道时,有人主张"看人打卦",你怎么看?

情 景 勾 勒

　　小艾忙了一上午,终于办妥了 5 台电子元件自动检测仪的装运手续。午饭后,小艾开始起草装运通知函。

学 习 例 文

装 运 通 知 函

函号×××××

××音响设备公司技术部:

　　贵公司第×××××××号订购函所订 5 台电子元件自动检测仪,已于×月×日交付托运,预计 3 天后到达××市贵公司指定地点。

　　兹随函附寄下列装运单据,以便贵公司在货物抵达时顺利提货:

1. 第×号发票一份
2. 第×号货运提单一份
3. 第×号装箱单一份
4. 第×号保险单一份
5. 第×号检验单一份

感谢贵公司对我公司的支持,希望继续合作。

滨江市××贸易公司销售部

××××年×月×日

学 而 思 之

1. 小艾写这份文书的目的是什么？
2. 这份文书包含了哪些内容？请用自己的话复述。

学 习 导 航

1. 装运通知函是卖方说明货物装运日期、装运车号、所附的单据等，以便买方办理提货手续的商业信函。

2. 在国内贸易中，货物转移有两种形式：买家提货和卖家发货。如果是卖家发货，卖方就应负责装运，即负责装车（船），安排装运日期，把货物发到买方指定地点。装运包括装运方式和运费、保险金的支付。采取何种装运方式及装运费和保险金的支付，根据交易双方的协商而定。

写 作 点 睛

装运通知函正文部分的写作内容通常包括三部分：①买方订购单的办理情况，通常有交付托运的日期、包装数量和预计到达的日期；②随附的相关单证，包括发票、货运提单、装箱单、保险单、检验检疫单等；③结束语。对买方表示感谢，并提出继续合作的希望。

随 堂 练 笔

请根据下面材料写一份装运通知函。

全顺电脑公司将江西南昌市广发贸易公司的第 68 号订购函所订购的 50 台打印机，于 2015 年 6 月 2 日交付托运，预计 10 天左右时间到达南昌市。50 台打印机分 5 箱包装，每箱上均标有▲标记，并随函寄上了相关单据。

相 关 拓 展

装运通知函发出去了，对方的货物也确认收到了，但是对方没有在规定的时间内交付货款，那么就必须以单位的名义给对方发出催款函。

催 款 函

函号××××

××音响设备公司技术部：

贵公司于××××年×月×日（第 68 号订购函）向我公司订购电子元件自动检测

（续）

仪 5 台，货款总额 6 万元，发票号××××××××××。我方已按照贵方要求如期发货并寄送装运通知函。可能由于贵公司业务繁忙，忽略货款结算的最后日期为××××年×月×日。今距规定结算日期，已超过 7 日，故特致函，提请贵公司执行结算。对逾期货款应按合同规定执行。如有特殊情况，请与我公司销售部艾××联系，电话××××××××。

　　特此函达

　　开户银行：滨江市工商银行××营业所

　　账户：××××××××××××××××××

滨江市××贸易公司销售部

××××年×月×日

写作指要

　　1. 催款函是一种催交款项的文书，是交款单位或个人在超过规定期限，未按时交付款项时使用的通知书。它是企业在应收款回收时常用的文书。

　　2. 催款函的作用有三点：①催促还款；②了解欠款原因；③起到凭证作用，即当催款单位在向有关方面提出追查对方的经济责任时，催款函可以作为一种有力的凭证。

　　3. 催款函写作内容主要包括：①写清楚欠款项目、款项总额、发票号码；②提请注意最后结算日期和逾期时间；③提出催款要求；④告知联系方式和开户银行及账号。

巩固练习

　　1. 上海新泰有限公司向无锡永华电子有限公司订购了 30 台打印机，现在可以交付托运了。为此，无锡永华电子有限公司发了一份装运通知单。请拟写这份装运通知函。

　　2. 无锡永华电子有限公司 30 台打印机的装运通知函发出去了，上海新泰有限公司的货物也确认收到了，但是上海新泰有限公司没有在规定的时间内交付货款，已超过 7 日。于是，无锡永华电子有限公司发出了一份催款函。请拟写这份催款函。

　　3. 北京裕方有限公司向无锡永华电子有限公司订购了 60 箱节能灯管，现在可以交付托运了。为此，无锡永华电子有限公司需发出一份装运通知函。请拟写这份装运通知函。

知识链接

一、包起帆的发明

2006 年 8 月 30 日 21 时 15 分,一架中国国际航空公司的班机在北京首都机场腾空而起。坐在左舷窗旁的是一位朴实憨厚的人,他就是刚刚在中华人民共和国最高领奖台上发言的上海国际港务(集团)股份有限公司副总裁包起帆。12 年前,同样是在北京人民大会堂,包起帆讲的是艰苦创业;时隔 12 年,包起帆讲的是科技创新。包起帆认为企业应该成为全社会创新的主体,职工应该是企业创新的主人。他说:"目前,党中央提出要建设创新型国家,而上海市委、市政府也一直提倡'科教兴市',在这样的大背景下,每个职工都应该积极投身到创新热潮中去,这是新世纪职工爱岗敬业、无私奉献的新要求。"

一项项发明创造,一枚枚的发明金牌,接连刺激人们的兴奋神经;28 年来,包起帆是怎么保持科技创新动力的? 为什么会有层出不穷的创新成果? 为什么能从"抓斗大王"攀升到科技高峰的领军人? 这里记述的就是包起帆的真实故事。

1. 创新就在岗位

今年 5 月,在巴黎国际发明展上,当"抓斗大王"包起帆连续 4 次上台接受发明金奖时,包起帆的名字又一次在国际发明界引起轰动。而此时,他已在历次国际发明展览会上获得 21 项金奖。

很多人问包起帆,怎样才能找到创新的种子? 对这些问题,他的回答是,"创新就在岗位,创新就在脚下,关键就看你是不是善于思考,勤于探索。""抓斗大王"的发明之路源于对岗位的热爱;"报效祖国,服务人民"是包起帆创新不止的永动源。

1978 年,包起帆只是上海南浦港务公司机修车间的修理工。当时,由于电动式起重机起升卷筒设计不合理,司机工作非常辛苦。作为一名修理工,他看在眼里,急在心里。工作之余,包起帆一头钻进机房观察,反复琢磨,最终发明了"变截面起升卷筒",使起重机钢丝绳的损耗从 1 个月换 3 根减少为 3 个月换 1 根。包起帆是 1968 届初中生,17 岁的他已是上海港码头的一名装卸工。他和伙伴们经常要装卸木头,这些原木轻则一两吨,重的可达十几吨。当时对木头这样的重物,还只能由工人先用钢丝绳扎好,再钩上挂钩起吊。这种起吊方式笨重且劳动强度大,还经常发生原木滚动或从高空落下砸伤死人的事件。当初包起帆之所以会去发明抓斗,是因为亲眼看到 1 个月内 3 个"好兄弟"死于原木装卸事故,出于对工友兄弟的朴素感情,使他萌发了"虎"口夺生的欲望,才决心要攻克这个难关。

2. 种能结果的树

在包起帆看来,创新不问出身。在创新的路上,既没有终点,也不必在乎起点,不是只有高学历的人才能谈创新、才能搞发明,普通职工照样也能大有作为。

包起帆说,"我 1968 年被分配到上海港白莲泾码头做装卸工时就只有初中二年级的文化水平,1977年考进上海第二工业大学,后来成为了港务公司工艺科的技革员。我不是一个天生的发明家,只是从自己的本职岗位出发,从小改小革起步,随着企业的发展而逐步成长起来的。"

包起帆认为,科技创新首先要有好眼光,"不管什么时候,创新都需要苦干,但苦干不等于蛮干,创新好比种树,而我只种能结果的树! 一个好的创新项目,必须是生产实践急需的,做表面文章,搞空头支票,即使创新搞成了也是有名无实,锁在抽屉里、堆在墙角下的项目我坚决不搞,科技成果要转化为生产力。"

包起帆还说,"种树要有土壤,没有适宜的土壤,树是无法成长并结果的。我种树的土壤就是我的码头,就是我的岗位。有岗位就会有机遇,爱岗位才会发现机遇。我的岗位虽然几经变化,但我无论做什么工作都把创新放在第一位,都在种能结丰硕果实的树。"

包起帆的创新方法可以归纳为寻找两个"交叉点":第一是寻找世界上最新的科技发展前沿和自己本职工作发展方向的交叉点,他领衔开发出了中国港口的第一个集装箱自动化无人堆场,并取得了初步成果;第二是寻找世界上已经成熟的科技成果和自己本职工作中难题的交叉点,他成功开发了"现代集装箱码头智能化管理技术"和"混合动力节能型集装箱轮胎吊"两个课题。

(http://zixun.99114.com/6295857_2.html)

二、精明的最高境界是厚道

台北市有位建筑商,年轻时就以精明著称于业内。那时的他,虽然颇具商业头脑,做事也成熟干练,但摸爬滚打许多年后,事业不仅不见起色,最后竟然以破产而告终。

在那段失落而迷茫的日子里,他不断地反思自己失败的原因,但想破脑壳也找寻不到答案。论才智,论勤奋,论计谋,他都不逊于他人,为什么他人成功了,而他却离成功越来越远呢?

百无聊赖的时候,他来到街头漫无目的地闲转,路过一家书报亭,他买下一张报纸随便翻翻。看着看着,他的眼前豁然一亮,报纸上的一段话如电光火石般击中了他的心灵。他迅速回到家中,把自己关在小屋里,整夜整夜地进行思考。后来,他以仅剩的1万元台币为本金,再战商场。这次,他的生意好像被施加了魔法,从杂货铺到水泥厂,从包工头到建筑商,一路顺风顺水,合作伙伴趋之若鹜。短短的几年内,他的资产就突飞猛进到1亿元台币,创造了一个商业神话。有很多记者追问他东山再起的秘诀。

他只透露了四个字:只拿6分利。又过了一些年,他的资产如滚雪球般越来越大,达到了100亿元台币。

有一次,他来到某大学演讲,其间不断有学生提问,问他从1万元台币变成100亿元台币到底有何秘诀。他笑着回答,因为我一直坚持少拿2分。学生们听得如坠云里雾中。

望着莘莘学子渴望成功的眼神，他才揭秘了一段往事。他说，当年我在街头看见一张采访李泽楷的报纸，读后很有感触。

在那个采访中，记者问李泽楷，你的父亲李嘉诚究竟教会了你怎样的赚钱秘诀？李泽楷说，我的父亲从没告诉我赚钱的方法，只教了我一些做人处世的道理。记者大惊，不信。

李泽楷又说，父亲叮嘱过，"你和别人合作，假如你拿 7 分利合理，8 分利也可以，那我们李家拿 6 分利就可以了。"

说到这儿，他动情地说，这段采访我看了不下一百遍，终于弄明白一个道理——精明的最高境界就是厚道。

细想一下就知道，李嘉诚总是让别人多赚 2 分，所以每个人都知道和他合作能赚到便宜，所以更多的人愿意和他合作。

如此一来，虽然他只拿 6 分利，但生意却多了 100 个，假如拿 8 分利的话，100 个生意机会会变成 5 个。到底哪个更赚钱呢？奥秘就在其中。

我最初犯下的最大错误就是过于精明，总是千方百计地从对方身上多赚钱，以为赚得越多，就越成功，结果是，多赚了眼前，输光了未来。

演讲结束后，他从包里掏出了一张泛黄的报纸，正是采访李泽楷的那张，多年来他一直珍藏着。报纸的空白处，端端正正地有一行毛笔书写的小楷："7 分利合理，8 分利也可以，那我只拿 6 分利。"

这位建筑商就是台北市全盛房地产开发公司董事长林正家。他说，这就是 100 亿元台币的起点。

(http://www.lizhidaren.com/lizhichuangye/2422.html)

第九章

投诉处理函

1. 对于消费者的投诉,你作为公司代表,可以采用哪些方式处理?
2. 古话说"亲兄弟,明算账",你对这句话怎么看?
3. 作为消费者,你可以通过哪些途径保护自己的合法权益?

情境勾勒

　　小艾一早到公司上班,销售部经理就通过电子邮箱转发给小艾一封信,让他赶快拟一封回信,并提出 3 点处理意见。这是前不久有生意往来的××音响设备公司的一封投诉信。信中说刚买了 5 台电子元件检测仪,其中有 1 台测出的数据不准确,要求换货。

学习例文

投诉处理函

函号××××

××音响设备公司技术部:

　　×月×日来信收到,谢谢你们的来信。对贵公司来信中指出的"有 1 台测出的数据不准确"的质量问题,我公司非常重视,并作出如下处理:

1. 今天下午 3 时前派出技术人员赴贵公司了解具体情况。
2. 如确系质量问题无条件立即换货。
3. 如确系质量问题,对因此而给贵公司造成的不便表示诚挚的歉意。

滨江市××贸易公司销售部

经理×××

20××年×月×日

学 而 思 之

1. 请你找出销售部处理客户投诉的态度和意见。

2. 如果你是客户,你对这样的处理意见满意吗? 谈谈你的看法。

学 习 导 航

1. 投诉处理函是指回复客户的投诉,并提出处理意见的信函。

2. 再好的商家也难免有客户投诉。投诉不可怕,可怕的是处理不当而造成信誉损失。接到投诉信后的回函,是投诉处理十分重要的一环。

3. 接到客户投诉后,迅速处理、及时回信是赢得对方认可的关键;语言礼貌得体,用词冷静平和是写作此类信件的基本要求。

写 作 点 睛

投诉处理函的写作内容通常包括:①引述投诉函要点;②表明己方态度;③提出处理意见。

随 堂 练 笔

假设你是某家具公司销售人员,收到客户一封有关家具质量的投诉信,来信中说购买的板式家具装配不了。请你代家具公司拟写这封投诉处理函。可酌情添加相关内容。

相 关 拓 展

在处理相关贸易事务(如签订合同)时,如果企业负责人(如企业法定代表人)因故不能亲自前往,可以委托他人前去办理,这就要写一份授权委托书。如果未经授权签订的合同,属无效合同。

授 权 委 托 书

兹委托本公司销售部销售助理艾××(男、23岁)代表本企业为××学校电脑采购项目的代理人,其权限如下:

1. 负责该项目的谈判与合同签订。

（续）

2. 本授权至该项目合同签订完毕之时止。

滨江市××贸易公司（公章）

法定代表人：×××（签字）

××××年×月×日

写作指要

1. 法定代表人在日常口语中常被称为"法人代表"。

2. 被委托人的性别、年龄、职务等个人情况要写清楚，重要场合要写明身份证号码，以示慎重。

3. 代理范围（如"××学校电脑采购项目"）、代理权限（有权做什么）、代理时间（代理权何时结束）等重要内容都要写得具体明确。

4. 具名部分要有单位公章和法定代表人签字。

巩固练习

1. 扬州景明大酒店在光明家具厂订购了一批家具，但厂家未在合同约定的时间内发货。景明大酒店于是写了一封投诉信，光明家具厂调查后，马上写了一封投诉处理函。请据此资料并合理添加相关内容写一封投诉处理函。

2. 黄先生在网上订购了1台××牌榨汁机，厂家未能在规定时间内及时发货。于是黄先生写了一封投诉信。厂家调查后，马上写了一封投诉处理函。请据此资料并合理添加相关内容写一封投诉处理函。

3. 华明公司的李先生，因公差在外，无法亲自到房屋交易中心办理房产过户等手续。请代他拟写一份个人委托授权书。

知识链接

一、顾客投诉给企业带来什么

1. 阻止顾客流失

现代社会，市场竞争的实质就是一场争夺顾客资源的竞争，但由于种种原因，企业提供的产品或服务会不可避免地低于顾客期望，造成顾客不满意甚至投诉。向企业投诉的顾客一方面要寻求公平的解决方案，另一方面说明他们并没有对企业绝望，希望再给企业一次机会。美国运通公司的一位前执行总裁认为:"一位不满意的顾客是一次机遇。"相关研究进一步发现,50%~70%的投诉顾客,如果投诉得到解决,他们还会再次与公司做生意,如果投诉得到快速解决,这一比重会上升到92%。因此,顾客投诉为企业提供了恢复顾客满意的最直接的补救机会,鼓励不满顾客投诉并妥善处理,能够阻止顾客流失。

2. 减少负面影响

不满意的顾客不但会终止购买企业的产品或服务,而且还会向他人诉说自己的不满,而转向企业的竞争对手,给企业带来非常不利的口碑。据研究发现,一个不满意的顾客会把他们的经历告诉其他至少9名顾客,其中13%的不满顾客会告诉另外的20多个人。研究还表明,公开的攻击会比不公开的攻击获得更多的满足。一位顾客在互联网宣泄自己的不满时写到:"只需要5分钟,我就向数以千计的顾客讲述了自己的遭遇,这就是对厂家最好的报复……"但是,如果企业能够鼓励顾客在产生不满时,向企业投诉,为顾客们提供直接宣泄机会,使顾客的不满和宣泄处于企业控制之下,就能减少顾客寻找替代性满足和向他人诉说的机会。许多投诉案例表明,顾客投诉如果能够得到迅速、圆满地解决,顾客的满意度就会大幅度提高,顾客大都会比失误发生之前具有更高的忠诚度。不仅如此,这些满意而归的投诉者,有的会成为企业义务宣传者,即通过这些顾客的良好口碑鼓动其他顾客也购买企业产品。

3. 免费的市场信息

投诉是联系顾客和企业的一条纽带,它能为企业提供许多有益的信息。TMI(丹麦的一家提供咨询的公司)主席 Claus Moller 说:"我们相信顾客的抱怨是珍贵的礼物。我们认为顾客不厌其烦地提出抱怨、投诉,是把我们在服务或产品上的疏忽之处告诉我们。如果我们把这些意见和建议汇总成一套行动纲领,就能更好地满足顾客的需求。"研究表明,大量工业品的新产品构思来源于用户需要,顾客投诉一方面有利于纠正企业营销过程中的问题与失误,另一方面还能反映企业产品和服务所不能满足的顾客需要,仔细研究这些需要,可以帮助企业开拓新市场。从这个意义上来讲,顾客投诉实际上是常常被企业忽视的一个非常有价值且免费的市场研究信息来源,顾客的投诉往往比顾客的赞美对企业的帮助更大,因为投诉表明企业还能够比现在做得更好。

4. 预警危机

一些研究表明,顾客在每4次购买中会有1次不满意,而只有5%以下的不满意的顾客会投诉。所以如若将公司不满的顾客比喻为一座冰山的话,投诉的顾客则仅是冰山一角,不满顾客这个冰山的体积和形状隐藏在表面上看起来平静的海面之下,只有当公司这艘大船撞上冰山后才会显露出来,如果在碰撞之后企业才想到补救,往往为时已晚。所以,企业要珍惜顾客的投诉,正是这些线索为企业发现自身问题提供了可能。例如,从收到的投诉中发现产品的严重质量问题,而收回产品的行为表面看来损害了企业的短期效益,但是避免了产品可能给顾客带来的重大伤害以及随之而来的严重的企业与顾客之间的纠纷。事实上,很多的企业正是从投诉中提前发现严重的问题,然后进行改善,从而避免了更大的危机。

［来源：陈海波.浅论顾客投诉［J］.科教文汇（上旬刊），2009（3）：231.］

二、处理顾客投诉的技巧

很多人都关心有效处理顾客投诉的方法和技巧。方法很容易，但贵在正确执行和坚持。

（一）两种关键心理

在处理顾客投诉的过程中，首先要具备两种关键的心理，这为处理好投诉奠定了基础。

1. 同理心

投诉的顾客大都表现得怒气冲冲，情绪失控，碰上谁就向谁发火。因此，服务人员很容易在心里对顾客产生反感，觉得顾客是在和自己过不去，或者没教养。于是在无意中把自己与顾客的关系对立起来，采取了对抗或不理睬的态度。这样的想法只能导致冲突的发生、升级，无助于问题的解决。其实，此时最需要的是保持同理心，即站在顾客的立场上去看问题，理解、信任顾客，相信顾客的怨气是有理由的，他们之所以投诉确实是因为他们的某些需求未获得满足；他们之所以见到谁就向谁发火，不是因为天性如此，而是把每个服务人员都看成是企业的代表。保持同理心，并不意味着顾客一定是对的，而是尽可能去理解顾客为何如此难受，什么原因让他如此生气，他的问题在哪里？只要尽可能地这样去思考问题，服务人员就会对顾客抱有理解的心，同情的心，而不会把顾客看作是令人讨厌的、不可理喻的人了。

2. 克制

科学研究发现，当一个人在面对攻击时，会本能地做出搏斗或逃走的反应，肾上腺素分泌加快，心跳加速、血压升高并且呼吸急促，身体自动准备对付受到的攻击。这些生理反应帮助了我们的史前祖先逃生，但此时却妨碍了有效处理顾客投诉。正确的选择是抑制身体对顾客愤怒的自发反应，让它回到安静的状态中，即克制。一个有关"狮子和老虎"的团队对抗游戏很好地解释了克制的效果。团队成员被分成两组：一组担当"狮子"的角色，一组担当"老虎"的角色。面对面站立，举起双手，与地面保持平行，掌心相贴。然后让"老虎"向"狮子"施加压力。可以看到，拼命抵抗"老虎"的"狮子"会遇到更大的阻力；不抵抗"老虎"的"狮子"却遇到了很小的阻力，甚至"老虎"在不知不觉中松开了手。顾客就相当于这个游戏中的"老虎"，他发怒、投诉就相当于向服务人员施压。如果服务人员以同样的态度对待顾客，顾客就会用更大的愤怒反击；但如果服务人员始终以一种礼貌友好的态度对他，就会令顾客的怒火慢慢降低。顾客恢复平静，问题就好解决了。所以，克制自己的情绪才能控制顾客的情绪。

（二）投诉处理六步法

当服务人员用同理心和克制面对顾客时，双方就架起了一座沟通的桥梁。然后借助于投诉处理六步法，就可以很好地解决顾客的投诉了。

1. 鼓励顾客发泄

顾客不满意的时候，他只想做两件事：表达他此时的心情和迅速解决问题。服务人员需要做的就是鼓励顾客发泄。在鼓励顾客发泄的过程中，服务人员要注意以下地方，以免顾客愤怒升级。首先，请顾客到环境适宜的地方。嘈杂、简陋的环境不利于顾客发泄，甚至可能增加顾客的烦心。所以，把顾客请到一个安静的、有座位的和有水喝的地方。长期的客户服务经验表明，顾客坐下来时怒火会明显降低，如果再聪明地递上一杯温水，顾客的情绪会发生很大的转变。其次，在听顾客表达的过程中，要有回应。如点头、交流、眼神口头应答等。这让顾客觉得服务人员的确是在急他们之所急。记住一点，顾客只有在发泄完，才会听服务人员说。在顾客发泄的过程中，服务人员需要细心聆听，发现对解决问题有效的信息。也许此时顾客更多表达的是自己的感受和观点，但同样对解决问题有一定的参考价值。另外，还需要控制自己的脾气。顾客此时发泄，并不是针对谁，只是想一吐心中的不快，所以，服务人员千万不要一时控制不住自己，心里生出同顾客对抗的情绪。顾客同样是对事不对人的。最后，还要注意语言的使用。恰当的表达方式包括："我理解您的感受！""我明白您的意思！""是的，谁遇到这种情况都不会开心。"避免使用的表达方式包括："你可能不明白……""你肯定弄混了……""你应该……""我们不会……我们从没……我们不可能……""你弄错了……""这不可能的……""你别激动……""你不要叫……""你平静一点……"

2. 道歉及感谢顾客

有些人认为向顾客道歉，会使自己的企业蒙羞，令自己承担责任。事实上，这种想法是不合逻辑的。服务人员的道歉表明了公司对顾客的诚意，使顾客感到自身的价值和重要性，这只会让顾客更加认同该企业。接待的人可能不是制造错误的人，但即便如此，也应该道歉，因为这个顾客由你接待，而你代表着公司的形象。不要在顾客面前责备其他同事，或为自己找借口，顾客需要的是解决问题，错误在谁并不会让他有多大兴趣。找借口或者责备其他同事可能会令顾客产生被推诿的感觉。道歉不是认错，道歉是让顾客知道，企业对他的遭遇表示遗憾，企业很在意他的烦恼，并且会想办法尽快改正。与此同时，要向顾客致谢，感谢顾客提出了有利于企业在管理或服务方面亟待改善的问题。这样一来，顾客的位置发生了变化，不单是一个企业产品、服务的使用者，同时也是监督者。顾客会满意这种变化，怒火会相应降低。可用这样的话表示感谢："很抱歉我们让你感到失望了。""抱歉给您带来了不便。""你的话提醒了我们……谢谢！"

3. 提问

了解问题所在，听过了顾客的抱怨，表示了歉意和感谢，但这只不过是给了顾客一个空的礼品盒，真正的问题还没有得到解决。这时，就需要通过提问进一步收集信息，解决顾客的问题。尽管顾客在发泄阶段说了很多话，但可能会忽略一些重要的信息，他们以为那不重要,或者忘了说出来,而这也许正是解决问题的关键。因此提问可以收集到更完整的信息,了解顾客的真实需要,正确地解决问题。在国内众多行业里,在处理顾客投诉上,通讯行业做得是比较好的,其他许多行业在这方面应该向通讯行业学习,而移动又是这一领域里做得比较出色的。他们的服务人员在提问上表现得尤为专业。除了可以收集到更多的信息外,提问还可以使顾客跟着服务人员的思路走,避免漫无边际的抱怨。有的服务人员担心提问会打断顾客的话,给顾客压力。其实,如果不通过提问收集足够的信息,最终给出的解决办法很可能是错误的,如果那样的话,后果会更严重。怎样提问,问些什么问题,才能帮助我们尽快准确地了解问题、处理问题呢? 在聆听顾客的解答时,要注意重复,以检验顾客说的和自己理解的是否一致。不同的理解能力常常让事情出现多个结果。同时还要做好记录,便于思考和保存。

4. 承担责任,提出解决方案

在明确了顾客的问题之后,很显然,下一步是要做的就是拿出一个双方均可接受的解决问题的方案。注意,解决方案中不应包含不在自己权限或者公司不允许的内容,这将令最后承诺无法兑现时顾客更加愤怒,顾客很可能再也不回来了。常见的解决方案包括:①退款。如果最后的解决方法是退款,要得体地把款项退回给顾客,而不要像是在施舍顾客一样,把钱扔给顾客或者带着轻蔑的眼神。如果公司规定要经过上级部门或者财务部门批准后才能给顾客退款,也就是顾客无法立即拿到退款,那么就要向顾客详细解释这个规定,并告诉顾客什么时候可以拿到退款。最后,虽然没做成这笔生意,也要多谢顾客的惠顾,并欢迎他下次光临。②修理或更换货品。顾客看中一件商品后,即使出现问题,也不会轻易要求退货,所以,当商品出现问题时,他们可能会提出修理或者更换的要求。不过,不要以为货品送去修理或者等待更换货品,问题就已经解决了,应该了解事情是否正在迅速办理。因为某种原因,可能修理的事情被耽误了,或者没人催促就被认为不紧急而慢慢修理,这样只会让事情变得更坏。如果真的要延误,就要通知顾客,让顾客知道事情的进展,避免再引发不满。如果货品已送回顾客那里,那么在送货过后不久就应该打电话过去,询问修理后或者更换后的货品是否让顾客觉得满意了。③道歉。当服务人员的服务态度或服务技巧欠佳时也会引起顾客的投诉,此时顾客需要的也许仅仅是道歉。④补偿性关照。当错误看起来无法通过退换货进行改正,或通过道歉弥补时,就要给予一定的补偿性关照,包括:送赠品,如礼物、商品或服务;公司承担额外的成本,如送货费用;个人交往,表示歉意和关心;打折。补偿性关照是在感情上给予顾客一定的安抚和补偿,它不能替代服务。

5. 让顾客参与

尽管从专业的角度服务人员提出了相应的解决方案,但是可能顾客还是不满意,这时最好征询顾客的意见。"您希望我们怎么做?"这样顾客感到了尊重,心里会很满意。但是,顾客的要求可能会出乎服务人员的意料或是无法满足,或者问题是由顾客造成的,又该怎么办呢? 当不满的顾客提出要求时,首先尽量满足他们的要求,人们对于自己得不到的东西,可能会很失望,有挫折感或者不安,甚至不满。而服务人员不计对错地满足顾客的需求,就会发现顾客的不满减少,满意增加。要知道,结交一位新顾客的成本是保持一位老顾客成本的 5 倍！也许有的服务人员会认为这种方式会助长顾客占便宜的心态。其实没这个必要，顾客大都是理智的，不会为了占便宜而要求退钱或是换货。况且，从满意顾客口中传播出去的免费广告给企业带来的利润，会远远胜于一小部分别有用心的顾客造成的损失。作为普通服务人员，有时可能没有足够大的权限去满足顾客的要求，这时应快速找到一个有权限处理的人。如果顾客的要求实在是超出公司规定的范围时，可以考虑向他道歉，并表明自己的确是想帮他，顾客在这种诚意之下，也许就放弃了自己原有的固执。或者可以向顾客提供其他的选择，把顾客的注意力从一处转移到另一处。

6. 跟踪服务

在某些品牌公司的售后服务中，当顾客买了他们的产品之后，他们会在之后的几天里给顾客打一个电话，询问产品的使用情况，顾客对此举非常欢迎。看，即使在没有出现问题的情况下都需要追踪顾客的感受，那么在顾客投诉之后，就更需要追踪顾客的感受了。跟踪服务的形式有打电话、发电子邮件或发信函。通过追踪服务，向顾客了解解决方案是否得到执行，是否有用，是否还有其他问题。如果服务人员与顾客联系后发现他（她）对解决方案不满意，就需要继续寻求一个更可行的解决方案。在对顾客的追踪服务中，无论是打电话、还是发邮件和信件，都应遵循一定的格式，格式如下：追踪服务可以强调公司对顾客的诚意、打动顾客和给顾客留下深刻印象，所以，要善于运用追踪服务，而不仅仅是在投诉中运用。

（1）安抚和道歉。不管顾客的心情如何不好，不管顾客在投诉时的态度如何，也不管是谁的过错，你要做的第一件事就应该是平息顾客的情绪，缓解他们的不快，并向顾客表示歉意，你还得告诉他们，公司将完全负责处理顾客的投诉。

（2）快速反应。用自己的话把顾客的抱怨复述一遍，确信你已经理解了顾客抱怨之所在，而且对此已与顾客达成一致。如果可能，请告诉顾客你愿想尽一切办法来解决他们提出的问题。

（3）移情。当与顾客的交流达到一定境界时，你会自然而然地理解他们提出的问题，并且会欣赏他们处事的方式。你应当强调，他们的问题引起了你的注意，并给了你改正这一问题的机会，对此你感到很高兴。

（4）补偿。对投诉顾客进行必要的且合适的补偿，包括心理补偿和物质补偿。心理补偿是指服务人员承认确实存在着问题也确实造成了伤害，并道歉。物质补偿是指一种"让我们现在就作些实际的事情解决这个问题"的承诺，如经济赔偿，调换产品或对产品进行修理等，尽己所能满足顾客。在解决了顾客的抱怨后，你还可以送给顾客其他一些东西，比如：优惠券、免费礼物，或同意他廉价购买其他物品。

（5）跟踪。顾客离开前，看顾客是否已经满足，然后，在解决了投诉的一周内，打电话或写封信给他们，了解他们是否依然满意，可以在信中夹入优惠券。一定要与顾客保持联系，将投诉转化为销售业绩，顾客投诉得到了令人满意的解决之时，就是销售的最佳时机。

模块三　商业策划

第十章

市场调查报告

学前三思

1. 你能说出几种市场调查的方法。

2. 如果让你进行一次《关于中职生手机使用情况》的调查,你会采用哪些方法进行调查?

3. 如果让你采用访谈法收集资料,你事先会做好哪些准备?

情景勾勒

销售部近来针对空气净化器市场作了一次调查,张××、王××在×月×日前顺利完成了调查问卷。数据统计好以后,销售部专门开了两次会议,对数据进行讨论分析,最后由王师傅与小艾负责撰写调查报告。

学习例文

调查报告
——滨江市空气净化器市场现状与前景

销售部于20××年×月×日至20××年×月×日,对滨江市范围内的空气净化器市场做了调查。调查采用了随机发放问卷和网络调查两种方法,调查内容相同。问卷发放地点选择我市6个主要商场门口,发放对象是进出商场的消费者。随机发放问卷计300份,回收到有效问卷240份。网络共收到有效回答问卷200份。对采集到的数据,我们做了具体细致的统计分析,并专门召开两次销售部全体成员会议,对数据和统计结果进行讨论,对滨江市空气净化器市场现状和未来发展趋势有了比较清晰的认识。

一、基本数据与分析

1. 空气净化器市场现状

选项	A. 不了解	B. 了解并且想买	C. 了解但暂时不想买	D. 已经购买	合计
被选次数	40	125	210	65	440
百分比	9.1	28.4	47.7	14.8	100

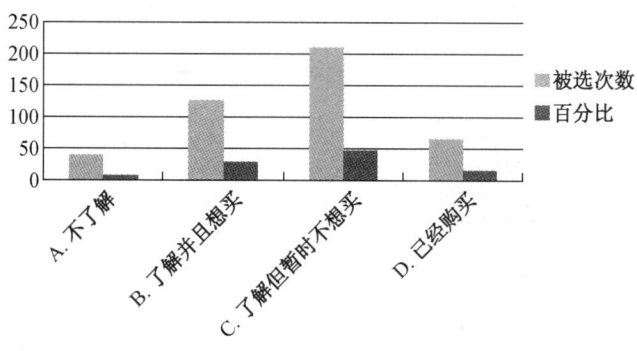

分析：

（1）目前市场拥有率仅14.8%，市场潜力还很大。

（2）"不了解"和"了解但暂时不想买"的占57%，"了解并且想买"的仅占28%，在未购买人群中只占1/3，说明未来一段时间能够实现的购买率比较有限。

2. 对空气净化器作用的认识（多选）

选项	A. 空气污染比较严重	B. 家中有人吸烟	C. 家具地板甲醛污染	D. 轿车内饰污染
被选次数占比	380	135	280	25

被选次数占比

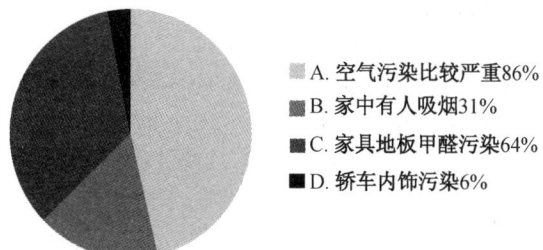

- A. 空气污染比较严重86%
- B. 家中有人吸烟31%
- C. 家具地板甲醛污染64%
- D. 轿车内饰污染6%

分析：消费者首先主要担心空气污染，其次是家具地板甲醛污染，再次是吸烟污染，轿车用空气净化器目前市场还不很需要。

3. 空气净化器使用地点（多选）

选项	A. 家中客厅	B. 家中卧室	C. 汽车内
被选次数	420	290	25

（续）

分析：超过95％的人选择客厅，66％的人选择卧室。这与上述人们对空气净化器作用的认识一致。

4. 产地选择

选项	A. 国产	B. 日产	C. 其他国家产
被选次数	210	125	105

被选次数

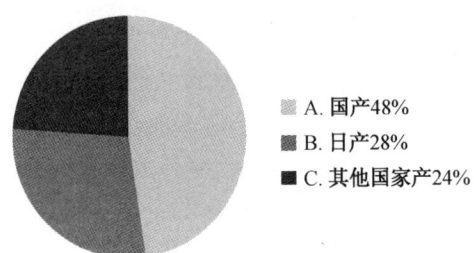

- A. 国产48%
- B. 日产28%
- C. 其他国家产24%

分析：国产与进口品牌基本平分秋色。

5. 价位选择

选项	500元以下	500～1 000元	1 000元以上
被选次数	135	220	85

被选次数

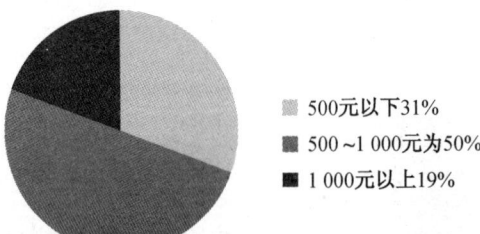

- 500元以下31%
- 500～1 000元为50%
- 1 000元以上19%

分析：中低端产品受到大多数人的青睐。

6. 空气净化器的购买与职业的相关性

选项	A. 公司员工	B. 公务员教师医生	C. 农民	D. 其他	合计
人数	112	158	90	80	440
已购欲购人数及比例	59 53％	89 56％	15 17％	27 34％	190

(续)

7. 空气净化器的购买与收入水平的相关性

选项	A. 2 000 元以下	B. 2 000~5 000 元	C. 5 000 元以上	合计
人数	65	290	85	440
已购欲购人数及比例	8 12%	120 41%	62 73%	190

分析：

(1) 空气净化器的购买人群目前集中在城市公务员、教师、医生、公司职员等人群中。

(2) 空气净化器的购买比例随着收入的提高而迅速上升。

二、结论

(1) 在目前状况下，虽然空气净化器在我市的拥有率还很低，但受消费能力、职业分布等因素影响，很难有快速提升。

(2) 空气净化器的使用主要集中在客厅和卧室。

(3) 空气净化器的购买档次主要集中在中低端产品。

三、建议

公司可以逐步进入空气净化器的销售市场。目前销售以适应客厅使用的较大功率的中低端产品为主。销售范围应当以滨江市区为主。根据以上原则，我们认为可以考虑首先与国产××品牌、日资××品牌建立营销关系。

滨江市××贸易公司销售部

20××年×月×日

学 而 思 之

1. 从上面的调查报告中，你读到哪些信息？得出哪些结论？依据是什么？

2. 为什么数据或图表后面常常有一段文字分析？这些文字起什么作用？

学 习 导 航

1. 市场调查报告是根据市场调查情况和数据，以科学的方法对市场的供求关系、发展趋势等进行深入分析后所写成的书面报告。

2. 市场调查报告力求客观真实、实事求是。市场调查报告引用的材料、数据必须是真实可靠的。市场调查报告通常是为企业领导决策提供依据，常常关系到企业未来的发展甚至存亡，一定要保证数据和事情的真实性。

3. 市场调查报告要做到调查资料和观点相统一。市场调查报告是以调查资料为依据的,调查报告中所有观点、结论都有大量的调查资料和统计分析作为根据。

4. 撰写市场调查报告要突出市场调查的目的。撰写市场调查报告,必须目的明确,有的放矢,因为任何市场调查都是为了解决企业面临的实际问题。因此,市场调查报告必须围绕市场调查的目的来进行论述。

写作点睛

市场调查报告写作主要包括三大块内容:①市场调查报告的前言,也就是开头一部分,通常简要地交代调查的时间、范围、对象、方法、目的等;②市场调查报告的主体,是对调查得到的内容和数据进行分析。为了使分析更加可靠和直观,通常需要借助图表等各种统计手段来帮助分析;③调查报告的最后两部分内容应当是调查结论和给出建议。调查结论主要论述市场情况是怎样的;给出建议是论述下一步应该怎样去做。

随堂练笔

为了了解中职生的手机使用情况,请你以本班为例,针对本班同学的手机使用情况进行调查,并根据调查结果写一份题目为《××学校××班级学生手机使用调查报告》的微型调查报告。

相关拓展

在市场调查的基础上,对市场发展前景进行科学的分析、推测、判断,这就是市场预测,由此写成的书面材料就叫市场预测报告。市场预测报告的篇幅一般比较长,是一件较为复杂的写作。下面例文是来自互联网的《2011—2015 年中国空气净化器行业市场调查及前景预测报告》的目录,例文是节选这份市场预测报告的主干目录。

2011—2015 年中国空气净化器行业市场调查及前景预测报告

第一篇　空气净化器基础篇

第一章　空气净化器行业发展概述

第一节　空气净化器定义及分类

第二节　空气净化器的其他概念

第二章　2010—2011 年全球空气净化器产业市场走势分析

第一节　2010—2011 年全球空气净化器市场分析

第二节　2010—2011 年主要国家地区空气净化器市场分析

（续）

（续）

写作指要

1. 市场预测报告就是依据已掌握的市场有关信息和资料，通过科学的方法进行分析研究，从而预测未来发展趋势的一种预见性报告。

2. 市场预测报告常常是由专门的研究咨询机构完成。一份专门的行业预测报告往往长达数十万字。

3. 例文只提供了这个报告的主干目录，只是让我们知道市场预测报告主要包含些什么内容。这篇报告全文大约有几十万字，它的售价是人民币 7 500 元。为什么卖这么贵呢？因为报告的撰写者（通常是一个团队）花了大量的劳动，收集数据并进行分析。据报告撰写者自己讲，他们的数据来自国家统计局、海关和有关行业协会。

4. 市场预测报告为什么要写得这么长而复杂呢？因为影响市场的因素又多又复杂。比如：经济景气度、生产能力与科技发展水平、供求关系、消费者收入水平、消费者文化层次、气候环境影响等。所以市场预测是一件很困难很复杂的事情，有很大的不确定性。

5. 相比较而言，中长期的预测比短期更复杂。一般企业自身做的市场调查报告，往往大多是局部区域的短期预测。

6. 比较小型的市场预测报告的写作内容通常由三部分组成：①前言，这一部分要求以简短扼要的文字，说明预测的主旨，或概括介绍全文的主要内容；②正文，一般包括现状、预测、建议三个部分；③附件，附件主要是图、表等数据材料，以及其他具体的辅助材料。

巩固练习

1. 将下列数据转换为"饼状图"。

答案	不了解	了解并且想买	了解但暂时不想买	已经购买
被选次数	19.7%	21%	34.5%	24.8%

2. 不管是调查报告还是市场预测报告,采集数据后写作时要注意些什么?

3. 市场调查报告与市场预测报告的区别是什么?

4. 根据下面所给的材料,写一篇市场调查报告。

为了了解我市旅游市场的消费行为和需求情况,我们对南昌市旅游消费市场进行了调查。

调查发现,在休假时人们最喜欢的活动是外出旅游,占被调查者的 23.4%,其他依次为看书看报、看电视、串门聊天和娱乐健身、业余学习、逛街购物、打牌玩麻将与其他,分别占 19.8%、16.7%、9.5%、8.6%、4.2%、2.7%、5.5% 和 9.6%。这说明,外出旅游已经逐渐成为人们假期休闲的主流。

调查显示,1 年出游 4 次及以上的被调查者占 5%,出游 3 次的占 9%,出游 2 次的占 38.7%,出游 1 次的占 34.1%,基本不出游的占 13.2%。从以上数据可以看出,1 年内出游多次的人数比例略高于基本不出游的人数比例。由此可见,旅游市场存在着巨大的消费能力和潜力。

旅游花费的多少是人们生活水平高低的标志之一。在所有调查对象中,年旅游花费在 500 元以下的占 19.8%;500 元至 1 000 元的占 25.2%;1 000 元至 2 000 元的占 24.6%;2 000 元至 4 000 元的占 23%;4 000 元至 7 000 元的占 5%;7 000 元以上的占 2.4%。被调查者月收入:1 000 元以下者占 35.6%;1 000 元至 1 500 元的占 41.3%;1 500 元至 2 000 元占 14.9%,2 000 元至 3 000 元占 5.9%,3 000 元至 4 000 元占 1.8%,4 000 元以上者占 0.5%。这些数据反映了不同阶层居民的旅游消费水平。

在出游时间上,调查显示,12.2% 的人选择周末;17.6% 的人选择暑假;2.7% 的人选择元旦;13% 的人选择春节;选择五一节和国庆节的分别占 18.9% 和 19.4%;其他占 16.2%。粗略看来,人们对出游时间的选择比较理性,有利于避免节假日旅游过于拥挤的现象。调查比例也符合不同时间段的出游特点:周末和元旦由于时间短,比较适合各种短途旅行;春节、五一节和国庆节时间较长且人们的假期统一,适合团体出游和长途旅行;暑假则多为学生和教师出游。基于此,各旅游景点如能按不同假期细分不同目标市场,并针对具体目标市场制订出相应的促销活动,定能把握极好的商机。

对人们出游逗留时间的调查显示,28.8% 的人是 1 天至 3 天;36.9% 的人是 3 天至 7 天;10.4% 的人是 7 天至 15 天;15 天以上的仅占 2.7%;而 21.2% 的人选择了依假期来定。可见,目前假期制度对大多数人的出游时间长短还是有一定影响的。

有关旅游主要方式的调查发现,42.8% 的人与友人结伴同游;22.1% 的人与家人同游;16.7％的人参加旅行团;10.4％的人由单位组织;6.8％的人独自出游;1.2％的人选择其他方式。目前,我国的旅游市场呈现团体旅游者逐渐下降、散客旅游者不断上升的趋势,旅行社可以根据此项数据所反映出的消费者需求,推出各种更受欢迎的旅游线路,或者尽量为消费者提供"超级市场式"的自选化旅游项目,使他们有充分的挑选组合空间。

调查显示,人们近期将选择的旅游形式,排在前面两位的是个性化旅游和一人或几人的自助式旅游,分别占 32.8％和 29.3％。其后依次为:度假式旅游占 13.9％;两人式蜜月占 14.4％;探险式旅游占 6.8％;其他方式占 2.8％。

人们出门旅游的目的排在前两位的为:放松自己,释放工作学习压力和增长见识,分别占 42.3％和 33.3％;然后依次为:与家人、朋友度假、度蜜月旅游占 14％;探险、挑战自己占 3.6％;艺术采风、摄影制作占 2.3％;为了购物、品尝美食占 1.8％;开会出差顺便一游占 0.5％;其他占 2.2％。

知识链接

怎么做调查问卷

调查问卷是进行市场调查和市场预测的基础,调查问卷是一个技术活,它以调查为目的、以问答为方式,是常用的一种调查手段。调查问卷设计应从两个原则出发:一是能达到调查目的,二是被调查者能快速顺利回答。

下面先看一个例文。

空气净化器市场调查

尊敬的先生、女士:

您好。首先感谢各位的协助。本调查的目的在于了解目前空气净化器市场需求情况,以便更好地为当地民众服务。凡协助完成此调查并返回问卷者,我们将赠送礼品一份。

(   )1. 请问您了解空气净化器吗?

A. 不了解 　　　　　　　　　　　　　B. 了解并且想买

C. 了解但暂时不想买 　　　　　　　　D. 已经购买

(   )2. 您认为购买空气净化器的主要原因是(此项可以多选)。

A. 空气污染比较严重 　　　　　　　　B. 家中有人吸烟

C. 家具地板甲醛污染 　　　　　　　　D. 轿车内饰污染

(   )3. 您如果购买空气净化器准备使用的地点是(此项可以多选)。

A. 家中客厅 　　　B. 家中卧室 　　　C. 汽车内 　　　D. 其他

(   )4. 假若您有意购买,您准备购买。

A. 国产 　　　　　B. 日产 　　　　　C. 其他国家产

（续）

```
（　　）5. 您选择空气净化器的心理价位是。
A. 500 元以下          B. 500～1 000 元          C. 1 000 元以上
（　　）6. 您的职业是。
A. 公司员工                              B. 公务员教师医生
C. 农民                                  D. 其他
（　　）7. 您的月收入是。
A. 2 000 元以下        B. 2 000～5 000 元        C. 5 000 元以上
再次感谢您的支持,谢谢!
                                                    20××年×月×日
```

从上文我们可以看出:

1. 调查问卷的开头一般说明一下调查目的,并向被调查者表示感谢。

2. 问卷题目设计的要求。问卷题目设计的要求是,问卷中的每一个问答题都应对所需要的信息有所贡献,如果从一个问答题得不到可以满意的使用数据,那么这个题目就应该取消。

3. 问卷题目结构类型。问卷题目一般分两大类:一类叫开放式,一类叫封闭式。此外,还有一种半封闭式。

开放性问题是由被调查者用他们自己的语言自由回答,不具体提供选择答案的问题。例如:"您为什么喜欢××牌的空气净化器?"像这样的问题答案可能是五花八门。开放性问题的优点是可以让被调查者充分地表达自己的看法和理由,往往比较深入,有时还可获得调查者始料未及的答案。它的缺点是收集到的资料中无用信息较多,难以统计分析,并且由于回答费时,可能遭到拒答。因此,开放性问题在商业调查中应慎用。

封闭性问答题,它规定了一组可供选择的答案和固定的回答格式。上面的例文就是采用封闭式问题。封闭性问题的优点包括以下几个方面:①答案是标准化的,对答案进行编码和分析都比较容易。②被调查者易于作答,有利于提高问卷的回收率。③问题的含义比较清楚。因为所提供的答案有助于理解题意,这样就可以避免回答者由于不理解题意而拒绝回答。封闭性问题也存在一些不足,其中最有可能影响调查可靠性的是"顺序偏差",即被调查者选择的答案可能与该答案的排列位置有关。

半封闭式问答题,介于封闭式和开放式两者之间,问题的答案既有固定的、标准的,也有让回答者自由发挥的,吸取了两者的长处。这种方法的不足是难以统计,在实际调查中运用并不是太多。

4. 问卷题目内容类型。问卷题目内容也可以分为两大类:事实性问题和评价性问题。比如"你家里有没有空气净化器"就是事实性问题,回答只能是"有"或"没有",它是一种客观存在。至于你是否喜欢,那就是主观评价了。这两种类型的题目在商业调查中用得很多。

5. 例文题目设计分析。第 1 题,因为空气净化器在当地还没有为家庭广泛接受,所以首先要了解当地人对该项商品现在的接受程度和发展趋势。第 2 题与第 3 题是对购买心理的调查,有利于营销选择。第4题实际是了解公众对空气净化器作用的认识。第5题是了解空气净化器的使用地点,有利于营销。第6、第7题对个人情况的调查,与前面有关调查内容结合起来,可以看出空气净化器的销售规律。

6. 问卷设计的一般要求。①问卷的开头一段,必须慎重对待,语气要客气,措辞要简明,使被调查者愿意合作,认真填好问卷。②问题要具体,切忌很宽泛的问题,让人不知从何谈起。③问题一般不宜太多,尤其是准备在公共场合发放的问卷调查,一定要精心设计,简明扼要。④答案设计要尽量周全,如果感觉无法周全的话,可把最后一个选项改为填空,让被调查者自己写。不可以让被调查者觉得无法完成。⑤答案的内容不可交叉,如"您的收入:A. 2 000元以下　B. 2 000～3 000元　C. 3 000～4 000元　D. 4 000元以上",其中B和C有交叉,让收入3 000元的人不好填。

7. 问卷的统计处理。问卷收回来之后,可按照以下顺序进行统计:①清点:把无效卷剔除后的实际数字。如合计发出300张,收回250张,其中因矛盾、空白等原因造成无效卷10张剔除,实际回收有效卷240张。②逐条统计并造表:对每一个问题的每一个答案都要进行统计。比如问卷第1题共设计有4个答案,假设我们统计的结果如下:

题目1:请问您了解空气净化器吗?

选项	A. 不了解	B. 了解并且想买	C. 了解但暂时不想买	D. 已经购买	合计
被选次数	20	85	110	25	240

有了这张表格,我们已经能够比较清楚地看出被调查的公众对空气净化器的了解。对调查问卷上的每一道题目的答案,都必须首先进行这种归纳汇总,这是我们后面进行分析的基础。

为了能够更直观地显示,我们还可以利用Office办公软件中的Excel生成各种直观图。具体做法简介如下:

(1)把上面的表格选中(不包括合计)并复制,打开Excel(此处使用的是Office 2010版),选中与被复制表格相应的行列数,粘贴,如图1所示:

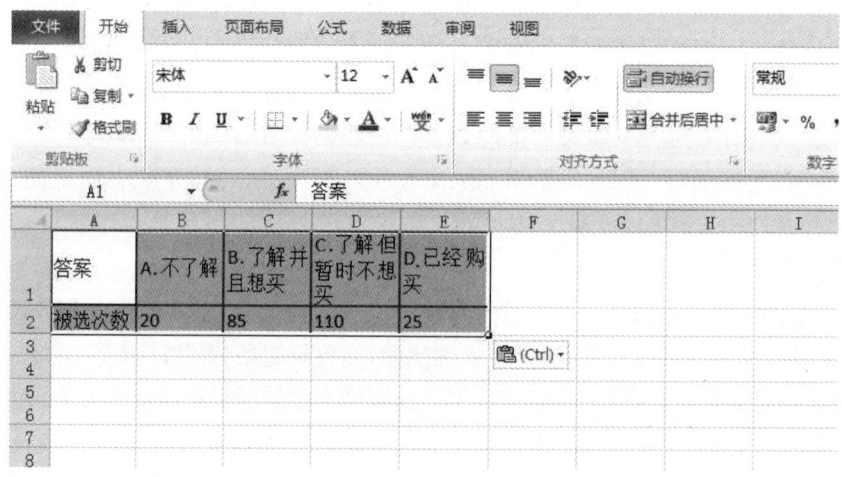

图1

（2）点击"插入"，选择"柱形图"，我们就得到了一幅十分直观的柱形图，如图2所示，当然我们也可以根据需要选择其他图形。

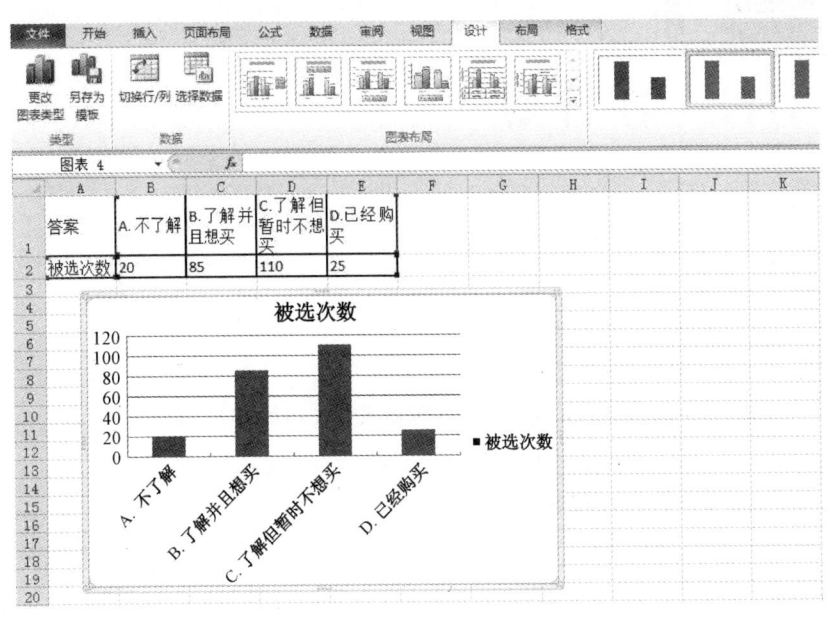

图2

（3）把这个柱形图选中并复制到Word文档上，就得到如图3所示：

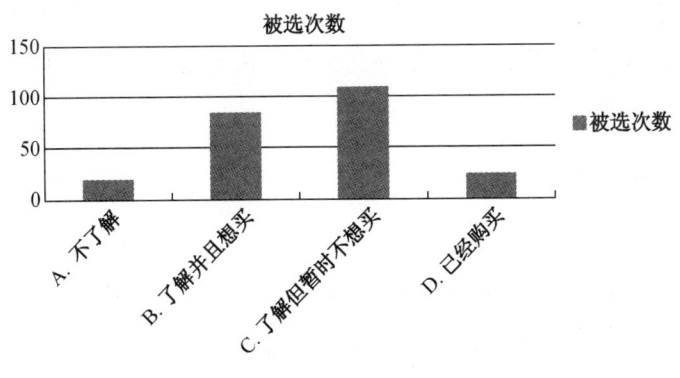

图3

有了这些数据和图表。我们就可以对市场趋势作出自己的判断。

第十一章

销售工作计划

1. 联系实际谈谈你对"凡事预则立，不预则废"这句话的理解。
2. 再过 10 年，你将变成怎样的"你"？
3. 你的职业生涯是如何规划的？

情景勾勒

转眼小艾参加工作两年多了。由于他聪明好学，工作上能吃苦耐劳，因而得到了上级的赏识和信任，总经理一方面给他提薪水，另一方面也给他增加了很多工作，所以他平时工作很忙，为了避免忙中出错，他总是提前做好工作安排。新的 1 年就要到了，为了更好地做好明年的销售工作，总经理委派小艾负责召集销售部全体员工开会，讨论销售部20××年度的工作计划。

学习例文

销售部 20××年度销售工作计划

随着滨江市场逐渐发展成熟，竞争日益激烈，机遇与考验并存。20××年，销售工作仍将是我们公司的工作重点，作为销售部门，我们深感责任重大。去年，我部门完成了××××万元销售任务，在此基础上我们计划今年实现 12% 的增长，并力争有所突破。为此，我们计划今年要做好以下几项工作。

1. 继续强化市场开拓工作

不断开拓市场是销售工作的根本。今年我们的市场开拓工作主要从两个方面入手：一是着手开拓区外市场，二是尝试开拓电子商务市场。

（1）开拓区外市场。一直以来，我们的工作重点都放在滨江区内。从今年开始，

（续）

我们将着手面向全省。我们的策略是逐步推进。省城毫无疑问是全省销售的制高点，是我们未来的目标，但就目前而言，我们理应把我们销售工作的重点放在我们周边的××市、××市上面。对这两个城市，我们将依据他们不同的特点分别制订各自的销售计划，在人员、费用、策略等方面作出具体的安排。此项工作由销售部经理×××负责，要求：一季度制定工作计划和策略、二季度安排××市的市场拓展工作、下半年全面铺开。

（2）尝试开拓电子商务市场。最近几年来，电子商务突飞猛进，我们不能视而不见，坐失良机。在新的1年里我们将积极尝试电子商务市场。今年我们在这方面有两个打算：一是引进1~2名这方面的专业人才；二是加强电子商务市场的促销力度，在销售部内部成立电子商务业务组，专门负责开拓电子商务市场。此项工作由小艾负责，立即开始实施。

2. 做好新、老客户的服务工作

（1）回访工作制度化。无论新、老客户我们都要做到定期回访，为保证此项工作做到位，销售部将对回访工作制订具体制度。此项工作立即实施，并力求抓住春节前后的大好时机开展客户回访工作。

（2）深入做好服务工作。销售工作已不仅仅是销货到我们的客户方即为结束，客户使用我们的产品，还要享受我们提供的服务。从稳固市场、长远合作的角度，我们务必强化为客户负责的意识，把握每一次与客户接触的机会，提供热情、详细、周到的售后服务，使每一个客户都成为我们的老客户。

3. 进一步加强进货渠道质量反馈工作

在销售全过程（售前、售中、售后）中，我们将把客户对商品的意见和要求及时反映给公司采购部门，力争在最短时间内满足客户要求。

4. 加强内部管理

今年内部管理的重点是制定科学有效的绩效考核制度。人的潜在能力是巨大的，要调动员工的劳动积极性和创造性，必须用科学的绩效考核制度来约束和激励，以充分发挥其潜能。此项工作由销售部副经理李××负责，一季度内完成制度的制定，二季度开始实施。

20××年×月×日

学而思之

1. 上面的这份《销售部20××年度销售工作计划》，主要"计划"了哪几件事情？其预计达成的目标是什么？

2. 反思一下你之前写的诸如学习计划、工作计划等，你在写作上存在什么问题？

3. 写计划时能否用类似"做一些有用的事"这种笼统语言？为什么？

学习导航

销售工作计划是各种工作计划中的一种。

1. 计划是个人或团体为实现预定目标，对今后一段时间的工作、学习或其他活动作出预想和安排的一种文书。

2. 计划三要素：

（1）明确的目标。预定目标是计划制订的灵魂，做什么，怎样做，都应当是围绕着目标进行的，没有明确的目标，计划无法制订。

（2）合理的步骤。目标明确后，怎样完成，首先应当确定合理的工作步骤。假如目标完成期是 1 年，那么，我们可以考虑把目标化解到四个季度当中去，制订每个季度应当完成的分目标。

（3）有力的措施。同样一件事，用不同的方法做，所花的代价和得到的结果会有很大的区别。所以要想圆满地达到目标，就需要我们想出好的方法来应对。

3. 例文的第一段，对今年的销售工作提出非常明确的目标：增长 12％，目标提出后，接下来的四个部分都是为达到目标所要做的主要工作，不仅包括做什么，还应该有怎样做，在什么时间做，有些工作还需要详细到由谁来做。

4. 计划的别称：方案、策划案、规划、设想、打算、安排、要点等。

写作点睛

写作工作计划，其关键是把三个方面的内容表述清楚：工作目标、方法措施、完成步骤或时间。

随堂练笔

根据下面材料，写一份《开店计划》，请酌情补上相关材料。

小余还有两个月就要从××贸易学校毕业了，她打算毕业后自主创业，投资开一家鲜榨果汁屋，因为这种店投入小、操作简单、收益也不错。她家附近的五角场有密集的写字楼、住宅楼，并且交通便利，她希望在这儿选个店面。

位置确定下来后，她还有几件事要做：①申领卫生许可证和营业执照等证件。②购置三台果汁机，一台冰箱和纸杯吸管等。③购买适宜榨果汁的水果，如柠檬、橘子、西瓜、苹果等。④在朋友或同学中确定一到两个合作伙伴。

她的投资预算：购置果汁机、冰箱、餐具、桌椅、消毒碗柜等需要 18 000 元，前期采购水果 400 元，店面租金每月 4 000 元，办理营业执照等相关手续约 1 000 元左右。收益预算：每杯果汁的价格，是根据水果的售价情况而定的。经过考查，一间 5 平方米的鲜榨果汁店，春夏季每月可获利 12 000 元左右，秋冬季要差一些，但也可获利 10 000 元左右。

相关拓展

有了具体的销售工作计划,做起事来就有的放矢了。要把产品顺利地推向市场,写好商品说明书必不可少。

踢 被 乐

踢被乐,俗称婴幼儿踢被提醒器。本产品分传感器和提醒器两部分,传感器嵌入专用的肚围中间。婴幼儿睡眠时,佩带有传感器的专用肚围,盖上被子,当被子被踹开后,提醒器将在一秒钟之内发出和弦音,提醒大人及时盖上被子,避免孩子因踹被子夜间着凉感冒。

一、产品优特点

1. 超低功耗、无辐射。传感器使用一颗纽扣电池(直径 12 毫米,厚度 2 毫米),在连续开机的状态下可以使用 9 个月。在不使用时及时关机,使用时再开机的情况下可以延长至 2 年。提醒器使用 3 节 7 号电池,在纯待机(不发和弦音)的状态下可以使用 6 个月。传感器与提醒器通过远红外传输技术进行通讯,我们日常使用的电视、空调的遥控器都是利用红外线原理,只是家用电器遥控是直线传输原理,而本产品采用红外线广角发射原理,并且采用先进的超低功耗发射技术,产品绝无辐射。

2. 传感器体积小,不影响孩子睡眠。传感器直径为 24.5 毫米(一元人民币硬币的直径为 25 毫米),厚度为 4 毫米。外型采用符合人体结构特点的设计方法,并使用透气的纯棉肚围,对孩子的睡眠没有影响。

3. 提醒方式智能化、人性化、艺术化。为了尽量减少提醒声音对睡眠中孩子的睡眠干扰,本产品提醒声音采用柔和的音乐和弦音。在提醒刚开始的时候,自动将音量设置为低档,一段时间后仍然没有盖上被子,提醒器将自动设置音量为高档。为适应不同大人对音量的敏感性,提醒器还可以人工选择基础音量(低音量和高音量两档)。

4. 抗干扰性强、稳定性高。不同于其他同类产品,本产品使用时无需外光源(一些类似产品在夜间使用需开灯)。本产品采用智能抗干扰技术,提醒器能准确地区分来自其他红外源(如电视机、空调等家电遥控器)的红外线,有效防止误报情况的发生。

二、产品使用说明

1. 部件介绍:本产品分传感器、提醒器、肚围三个部件。

2. 使用操作说明:

(1) 打开提醒器电池盖,装入 3 节 7 号电池。电池盒底下已标明正、负极,请正确安放电池的正负极。根据大人的习惯选择好音量的档位开关(高或低),将电源开关置为"开",此时工作指示灯变亮。

(2) 将提醒器悬挂在距离孩子睡眠的地方 1～2 米的墙壁上(离床高 1 米左右),悬挂可以通过提醒器背面的悬挂孔扣在已安装在墙壁上的螺丝钉,也可以通过挂线直接挂在安装在墙壁上的挂钩。悬挂时务必使红外线探头对着孩子,切忌将提醒器凌空悬挂而使其随意转动。

（续）

（3）将传感器粘贴在肚围中间的粘扣布上,并轻轻按压几下。将肚围围在小孩的腰围,传感器的位置在孩子的肚脐眼附近为宜。打开传感器开关,若孩子踢开被子将听到提醒器发出报警的音乐和弦音,盖上被子后自动停止报警,此时孩子和大人可以放心睡眠了。

3. 使用注意事项:

（1）清洗孩子肚围时,务必将传感器拿下,否则传感器会永久失效。

（2）不使用时,请随手关掉器件的开关,以延长电池的使用寿命(传感器电池寿命为1～2年,提醒器电池寿命为3～6个月)。使用一段时间后,若出现不报警的情况,请及时更换电池。

（3）更换传感器纽扣电池时,请务必注意正负极的安放,否则会有短路的危险。建议到本厂的维修点或正规的钟表修理店更换传感器纽扣电池。

（4）请勿让儿童玩耍传感器,否则可能使儿童因吞咽器件而造成窒息、堵塞食道等伤害。

（5）注意保护好提醒器的探头,避免因撞击和刮擦使提醒器不灵或失效。

写作指要

1. 商品说明书是一种以说明为主要表达方式,用平易、朴实、易懂的语言向用户等消费者通俗地介绍商品(包括服务等)的性能、特征、用途、使用和保养方法等知识的文书。商品说明书有时也叫使用说明书。其写作目的是教人以知、教人以用。

2. 商品说明书的结构一般由标题,正文,落款三部分组成。

（1）标题。常见的标题有三种:①直接以文种作标题;②以商品名称作标题;③以商品名称加文种作标题。

（2）正文。因各种商品不同,需要说明的内容也各有侧重。例如食品说明书重在说明其成分,使用方法及保质期限;药物说明书重在说明其构成成分,基本效用及用量;电器说明书重在说明其使用和保养方法等。一般情况包括以下几个方面的内容:产品的概况;产品的性能、规格、用途;安装和使用方法;附件、备件及其他需要说明的内容。从写作形式上看,常见的有概述式、短文式、条款式、图文结合式。①概述式一般只有一两段文字,简明扼要地对商品作概括介绍。②短文式是对商品的性质、性能、特征、用途和使用方法等内容作介绍性的说明。③条款式是详细介绍商品的说明书。它分成若干个部分,将有关商品的规格、构造、主要性能和指标参数、保养方法、维修保修方式逐一分条列项介绍给消费者。常用的家用电器说明书多采用这种方式。④图文综合式,即图文并茂地介绍商品。

（3）落款。落款要写明产品的制造厂家的名称、地址、邮编、E-mail 地址、电话、传真、电挂及产品的批号、生产日期、优质级别等。不同的商品说明书,落款的项目有所不同,应根据实际需要落款。

巩固练习

1. 下面的《超能剃须刀使用说明书》侧重于介绍哪些事项?分析其为什么用这样的结构写法?

超能剃须刀使用说明书

本说明书适用于本公司制造的各类充电式剃须刀。

【充电】

将电源插头插入 AC220V 电源之中,视充电指示灯亮、充电 12～16 小时。注意:充电时间不要过长,以免影响电池寿命。

【剃须】

将开关键上推至(on)开启位置,即可剃须。为求最佳之刮须效果,请将皮肤拉紧,使胡子成直立状,然后以逆胡子生长的方向缓慢移动。

【修剪刀】

如有修剪刀功能的剃须刀,请在剃须前,先将修剪刀推出,修短胡须后再用网刀剃净。

【清洁】

剃须刀要经常清洁。清洁前应先关上开关。旋下网刀,用毛刷将胡须屑刷净。清洁后轻轻放回刀头架、且到位。清洁时应轻拿轻放,避免损坏任何部件。

【保修条例】

保修服务只限于一般正常使用下有效。一切人为损坏(例如接入不适当电源,使用不适当配件,不依说明书使用;因运输及其他意外而造成之损坏;非经本公司认可的维修和改造,错误使用或疏忽而造成损坏;不适当之安装等),保修服务立即失效。此保修服务并不包括运输费及维修人员上门服务费。

保修期外享受终身维修,维修仅收原器件成本费。

剃须刀中内、外刃属消耗品,不在保修范围内。

【保修期】

正常使用 6 个月。

【注意事项】

充电时间 12～16 小时。

换刀网刀头时一定要选用原厂配件。

---

2. 指出下面这个工作计划的错误之处。

××××年××科第二季度工作计划安排

为了更好地对下属企业进行管理,使这支队伍的工作走上正轨,成为我行建设的一支生力军,特制订第二季度工作计划如下:

1. 要严格按照市政府的文件精神,对未到我行开户的单位,会同主管部门督促其尽快开户。

2. 对已经到我行开户的单位要全面调查,摸清基本情况,搞清楚其承包能力。

3. 帮助管理制度不健全的单位建立健全各项管理制度。

4. 做好召开企业财务工作交流会的准备工作。

以上是第二季度工作计划,请认真执行。

××支行××科

---

3. 通过网络资料或其他渠道,调查你所学专业的发展趋势、职业资格的晋升要求,写一份你个人的 5 年成长计划。

知 识 链 接

一、Miu Miu 的凄美爱情故事

Miu Miu 是意大利著名品牌 Prada 的副线(Secondary line)。相信大部分时装迷均知道 Prada 是由 Mario Prada 创立的家族生意,以生产手袋闻名欧洲。然而,未必所有时装迷都知道 Miu Miu 的由来。Miu Miu 就是 Prada 第三代传人 Miuccia Prada 小姐的昵称。

Prada 是一个时装设计世家,Miuccia Prada 出生在这个家族里,她注定要和时尚结一辈子的缘。她的小名叫 Miu Miu。

20 岁的时候,Miu Miu 邂逅了一个街头画家,长得非常英俊,也很有才气,他们俩一见钟情。

Miu Miu 的家世决定她不可能嫁给他,但女孩十分叛逆,决定和爱人私奔。他们租了一架飞机,准备逃到希腊去结婚。但是,仿佛像中了罗密欧和朱丽叶的爱情没有好结局的魔咒一样,飞行途中出了故障。飞行员背了一个降落伞,抢先跳下去了,画家给 Miu Miu 背上一个降落伞,然后才发现,降落伞居然只有两个。

Miu Miu 决定和男友同生共死,但男友把她推出了机舱。她获救了,回到了家,但从此与男友生死两隔,再也没见过他。后来,Miu Miu 成了著名的时尚设计师,嫁给了一位很有经商头脑的名门之后,她的创意和他的逻辑思维珠联璧合,把 Prada 的家族事业经

营得非常出色。

Miu Miu 也创立了属于自己的品牌，就叫 Miu Miu，是 Prada 的支流品牌。

就这样，20 年过去了。

某天，Miu Miu 收到了一封信，信里夹着一张非常美丽的画。信竟是他写来的！原来那天飞机降落在海上，他得以生还。他在信中说：我只是想让你知道，我还好好地活着。但是我不会告诉你我在哪里，也请你不要再找我。因为，我已面目全非，而且还失去了我的右手。这些年来，我一直在练习用左手画画，为的是有一天把美丽的画再次呈现在你的眼前。

Miu Miu 顿时泪如雨下。

Miu Miu 又寻找了很多年，但最终也没能找到他。于是，Miu Miu 用珍藏了多年的、那顶她最初的爱人用生命换来的降落伞，设计了一个包，也就是 Prada 著名的尼龙包系列。

如今的许多女人，都竞相拥有一个 Prada 的尼龙包，而这尼龙包背后的故事，就鲜为人知了。看似普通的一个包，其实代表着设计者，当年那永远错过的爱情，与爱人的生命……

（http://blog.artron.net/space—1062253—do—blog—id—1238191.html？from＝groupmessage&isappinstalled＝0）

二、关于 O2O、C2C、B2B、B2C 的区别

1. O2O 是 online to offline，分为四种运营模式：

（1）online to offline 是线上交易到线下消费体验。

（2）offline to online 是线下营销到线上交易。

（3）offline to online to offline 是线下营销到线上交易再到线下消费体验。

（4）online to offline to online 是线上交易或营销到线下消费体验再到线上消费体验。

比如：保险直购 O2O，苏宁易购 O2O，大众点评 O2O 等。

2. C2C 是 consumer to consumer，是个人对个人的，比如淘宝的小店铺。

3. B2B 是 business to business，是企业间的，比如阿里巴巴。

4. B2C 是 business to consumer，是商家对个人，比如卓越、当当、京东等。

B2C、C2C 很重要的一点是都运用了物流。

通俗说明一下就是：

C2C 就是我卖东西你来买；

B2C 就是我成立个公司卖东西，你来买；

O2O 就是我成立个公司卖东西你来买但是要你自己来拿；

B2B 就是你也成立了公司买我公司的东西。

（http://www.pc841.com/article/20141019-36359.html）

三、一带一路

一带一路是"丝绸之路经济带"和"21世纪海上丝绸之路"的简称,2013年9月和10月由中国国家主席习近平分别提出建设"新丝绸之路经济带"和"21世纪海上丝绸之路"的战略构想。

"一带一路"不是一个实体和机制,而是合作发展的理念和倡议,是依靠中国与有关国家既有的双多边机制,借助既有的、行之有效的区域合作平台,旨在借用古代"丝绸之路"的历史符号,高举和平发展的旗帜,主动地发展与沿线国家的经济合作伙伴关系,共同打造政治互信、经济融合、文化包容的利益共同体、命运共同体和责任共同体。

"一带一路"是中国与丝路沿途国家分享优质产能,它共商项目投资、共建基础设施、共享合作成果,内容包括道路联通、贸易畅通、货币流通、政策沟通、人心相通等"五通"。

(http://www.ce.cn/xwzx/gnsz/szyw/201408/11/t20140811_3324310.shtml)

第十二章

商业活动策划方案

学 前 三 思

1. iphone 手机就像明星一样被追逐,像宗教一样被崇拜,成为营销界的一个传奇,你能谈谈"苹果"的营销策略吗?

2. "经营项目有馄饨、饺子、面条……"你认为这句话的表述正确吗? 为什么?

3. 什么叫纵向比较? 什么叫横向比较? 请举例说明。

情 景 勾 勒

小艾在南方工作的好友邀请他去南方发展,他在一家汽车 4S 店找到了工作。由于工作能力强,3 个月后,小艾被任命为南海市一家即将开张的××汽车 4S 店的副经理。近期该店要举办隆重的开业庆典。小艾正忙于写庆典策划方案。

学 习 例 文

**南海××汽车 4S 店开业庆典活动
策划方案**

一、前言

××作为一个拥有百年历史的汽车品牌,于20××年成功登陆中国市场。以典雅、精良为品牌文化的××,秉承了欧洲汽车安全、耐用、时尚、舒适的特点,可谓传统与现代的完美结合,也正是这些理念,使××这一百年品牌在新世纪焕发了新的光彩。20××年×月×日,××汽车将走进南海,把××品牌的文化和理念奉献给中国的消费者。

二、活动主题

感悟典雅　品味精良

三、活动目的

1. 庆祝××汽车4S店开业。

2. 推广××品牌知名度。

3. 突出品牌卖点:典雅、精良。

四、活动内容简介

1. 开业庆典广告宣传活动。

2. ××汽车4S店开业店堂庆典活动。

3. 感悟与品味——××汽车全城巡游活动。

4. ××广场"感悟典雅 品味精良"车模摄影大赛。

5. 车友互动,试乘试驾活动。

五、前期各项准备工作安排

1. 前期准备阶段(提前20天完成)。

(1) 成立庆典工作小组,制定详细活动方案和经费预算,并上报审核。

(2) 确定承办广告公司,就相关承办内容签订承办合同。

(3) 完成各类宣传印刷品设计并指定印刷完成期限。

(4) 完成龙狮舞表演人员聘请工作。

2. 实施阶段工作安排(提前5天完成)。

(1) 发送请柬邀请有关领导、同行及新闻界人士参与本次开业庆典。

(2) 各种活动用品(印刷品,礼品等)制作完成,由专人负责保管。

(3) 完成活动所需各类物品的采购、租赁工作。

(4) 提前15天开始投放媒体广告。开业庆典活动的内容宣传发布于南海晚报和南海热线上。

3. 现场布置阶段工作安排(活动开始前1天完成)。

(1) 提前2天,承办单位开始现场的布置工作,完成所有条幅、彩旗、灯箱等的安装工作。

(2) 现场的布置工作:提前1天,完成主席台的搭建及背景板安装;完成主会场签到处、指示牌、嘉宾座椅、音响的摆设布置;完成充气拱门、高空气球的布置工作;完成花篮、花牌、礼宾花的制作工作;完成花篮、花牌、盆花的布置;完成小气球的充气工作。

六、当天(20××年×月×日)工作安排

1. 6:30 所有公司内部人员及工作人员到达现场,作最后检查。

2. 8:30 礼仪小姐、车模到位、演职人员到场。

3. 9:00 嘉宾到场。奏乐、礼仪小姐迎宾,佩带胸花,引导嘉宾入场。

4. 9:18 主持人宣布仪式开始并请公司领导致欢迎辞。

5. 9:28 行业协会领导讲话。

6. 9:38 由领导和嘉宾一同为新店开业剪彩。鼓乐齐鸣,放飞气球,舞龙舞狮表演。

（续）

> 7. 9:50　店领导引领嘉宾参观并介绍 4S 店。部分工作人员抵达第二现场××广场作现场布置。
>
> 8. 10:30　由××汽车 4S 店领导宣布"感悟典雅　品味精良"××全城巡游活动车队出发。所有车辆均粘贴××标志 Logo 和本次活动主题。车队绕市区环城路一圈至××广场。奏乐，车模到位。
>
> 9. 11:15　"感悟典雅　品味精良"车模摄影大赛开始。
>
> 10. 11:20　试乘试驾报名开始，在广场外围设置试乘试驾专区，现场报名者由工作人员引领，参与试乘试驾活动。
>
> 11. 12:00　活动结束。
>
> **七、注意事项**（略）
>
> **八、经费预算**（略）
>
>   20××年×月×日

学而思之

1. 阅读上文后，请你说说这个活动策划方案的写作思路。

2. 活动策划方案从大的概念来说也是属于计划的，但从写作结构上来看，它又有什么不同之处？

学习导航

1. 商业活动策划方案是企业举行某项活动之前制订的行动方案。活动策划案的"活动"通常是指对外活动，目的是推动营销和创建良好的公共关系。

2. 商业活动包括各类礼仪庆典活动、会议展览活动、商务演出活动等。商业活动应该有明确的目标；活动要有吸引力；活动要强调公关作用。

3. 商业活动策划方案必须具有可操作性，切实可行，事先要考虑细致、周密，对活动内容、时间、地点、人员分工作出合理安排。另外，还应该考虑外部环境（如天气、民俗）的影响。

写作点睛

商业活动策划方案的写作有一定的灵活性，但活动主题、活动目的、主要活动内容、各项工作的具体安排等都是必须有的，且各自成段，一一写出来。在具体工作安排这项内容上一般按照时间顺序来写。

随堂练笔

某儿童食品企业为了宣传企业良好形象,推广公司产品,打算六一儿童节在市中心的世纪广场举办一场以"快乐成长"为主题的儿童歌咏比赛,请著名的儿童电视主持人××担任主持,获奖者有丰厚的奖品。请根据材料并合理想象,拟写一个商业活动策划方案。

相关拓展

企业举办商业活动时,为了增加吸引力,扩大影响力,提高公众参与度,往往会邀请社会知名人士参与活动。为此就需要用到"请柬"这种文书。

请　柬

_____ 先生/女士:

　　谨定于二〇××年×月×日×时,在南海公司××汽车 4S 店(××路××号)举行开业庆典活动,届时敬请光临。

　　联络电话:12345678

　　此致

敬礼!

南海公司××汽车 4S 店

二〇××年×月×日

写作指要

1. 请柬又称为请帖、柬帖,是为了邀请客人参加某项活动而发的礼仪性书信。

2. 使用请柬,既可以表示对被邀请者的尊重,又可以表示邀请者对此事的郑重态度。

3. 例文开头"谨定于"的"谨"字,有郑重、恭敬的含义,所以请柬开头一般用此词。而另一个开头常用词"兹",是个中性词,用在"通知"等文书的上面更合适。

4. 请柬在语言的措辞上面一定要精炼、恳切、准确。称呼处如手写,一定注意不可潦草,以示尊敬和郑重。请柬中不可以出现要求应邀者"准时""务必"等词语。

5. 请柬一定要提前数天发出,以使被邀请人有充足的余地安排好时间。

6. 请柬一般由标题、称谓、正文、结语、祝颂语、落款六部分组成。请柬(邀请信)的正文中有三个基本要素不可缺少:事由、时间、地点。事由是邀请对方参加什么活动,这部分必须书写清楚,以便被邀者决定是否参加。举办活动的时间,要准确地写明年、月、日、时。如果活动地点比较偏僻,或者对于部分人来讲不熟悉,就需在请柬上注明交通路线等。

巩固练习

1. 每年的 10 月 16 日是"世界粮食日"。为了增强员工节约粮食的意识,让员工在用餐时体会"粒粒皆辛苦",阳光乳业集团公司准备开展"光盘"行动。请你按要求完成下列两项任务:

(1)围绕"光盘"行动写一则活动策划方案。

(2)在集团公司内部举办"民以食为天"的主题征文活动,邀请××师范大学中文系的李支云教授担任评委。请代写这份请柬。

2. 中原地产公司上海分公司的李兵总经理即将调任总部任职。李总在上海工作的 5 年时间里,与大家同甘共苦,为区域创造了骄人的业绩。临别之际,大家难分难舍,共同提议举办一次欢送活动——共叙同事之情,同绘未来蓝图。请你以筹备组的名义撰写一个活动策划方案,相关内容均可虚构。

知识链接

一、请柬礼仪

请柬是用于邀请有关单位或个人参加某种活动而发出的礼仪文书。按篇幅大小、文字多少、内容简繁可分为两种形式。篇幅大、文字多、内容繁可称为邀请信、邀请书。文字较少,内容相对简单,印制较为精美的称为请柬。请柬也称为"请帖""柬帖",形式上有横竖之分。请柬既是我国的传统礼仪文书,也是国际通用的社交联络方式。

1. 托人转递请柬是不礼貌的

请柬的递送方式很有讲究。古代无论远近都要登门递送,表示真诚邀请的心意;现当代亦可邮寄。一定注意不能托人转递,转递是很不礼貌的。请柬如果是放入信封当面递送,要注意信封不能封口,否则易造成又邀客又拒客的误会。

2. 请柬中应避免出现"准时"两字

在正文后可根据不同的情况采用"敬请光临""恭请光临""请光临指导"等结语。在一些请柬上我们时常可以看到"请届时光临"的字样,"届时"是到时候的意思,表示出邀请者的诚意。但是有些请柬把"届"改成了"准"字,这样就成了命令式,体现了邀请者高高在上的态度,对被邀请者不尊敬,在请柬中我们应该避免出现这样的结语。

在当代的请柬中一般用"此致、敬礼"的祝颂语作最后致意。在文中的右下角签署邀请人的姓名。如果是单位发出的请柬,要签署主要负责人的职务和姓名,以主邀请人的身份告知对方。发文日期最好用汉字大写，以示庄重正式。

有些舞会、音乐会、大型招待会的请柬还写有各种附启语，如"每柬一人""凭柬入场""请着正装"等，通常写于请柬正文的左下方处。

3. 能否赴约都应以书面形式告知

应邀信是被邀人接到主人的邀请信后，同意赴约而给主人的复函。古时也称"谢帖"。应邀信的发出，体现了被邀人对活动的重视和对主人的尊重。应邀信一般由称谓、正文、祝颂语、署名落款四部分组成，表明接受邀请的态度。最后以"我将准时出席"做结语。最后的祝颂语可用"祝活动圆满成功"等词语。谢绝信是被邀请人收到邀请信后，因为某种原因不能应邀赴约而写给邀请人婉言谢绝的礼仪文书。从礼仪上讲，不管何种原因不能应邀赴约，一定要以书面形式及时告知邀请人，以体现尊重他人。从信中文字讲，更要字字讲究，句句谨慎，避免产生误会。

(http://m. diyifanwen. com/fanwen/gongguanliyi/124205936. html)

二、电子请柬

电子请柬是利用各种设计制作软件，在传统请柬的设计基础上增加大量全新元素，包括新人照片、设宴酒店地图、华丽动态效果等设计出非常漂亮、很具个性的请帖。电子请柬是通过电子邮件、电子贺卡、QQ、MSN、彩信等现代网络传输方式告知亲友婚庆时间、地点等信息的一种流行的请柬。电子请柬环保、方便、实惠，符合现在提倡的低碳生活。

1. 电子请柬和传统请柬的区别

传统请帖是指节日和各种喜事中邀请客人用的一种简便邀请信。一般用于婚宴、联谊会、友好交往的各种纪念活动、诞辰或重要会议等，发送请帖是为了表示举行活动的隆重。

而电子请帖是一种利用现代数字技术，在结合常规请帖形式的基础上充分发挥个性化的创意，集视觉、听觉为一体的全新请帖形式。电子请帖不但能很好地传达邀请的诚意，还给宾客提供了方便，通过时下流行的 QQ、E-mail 或者其他网络方式就可以方便轻松地将请帖送给您的亲朋好友。电子请帖可发挥空间大，您可以加入自己喜欢的暖色、图案、背景音乐、炫丽的 flash 动画效果、宾客留言等方式，还可以贴心地为宾客们配上线路图等，这些都是传统请帖无法比拟的。

2. 电子请柬的几大优势

（1）省钱。传统请帖较电子请帖印刷成本高，且发送费时、又不经济。电子请帖一次制作完成可无限次发送，且成本低廉。

（2）个性十足。传统请帖因为是印制的，所以里面可放的内容有限，且都是静态的，而电子请帖是动态的，您可以充分发挥想象，任意添加您想要给亲朋好友们展示的内容，还可以加上很炫的 flash 效果及符合意境的背景音乐，给对方心理、视觉和听觉上的三重享受。电子请柬能非常真切地体现邀请别人的诚意,对方收到的不仅是一份邀请,更是长存的情意。

（3）方便快捷。电子请柬不需要自己去一张张的手写给宾客,而且那么多的人,可能还会写错,写得您是不是头大呢？并且您还要自己一家一户的去送请帖,在这样快节奏的生活里,会很麻烦吧？一家一家的去送,开车都要烧掉很多的汽油,有时候遇见亲朋好友不在家,是不是又是白跑呢？而电子请帖发送方式简单、方便、省时、省事,用 QQ、E-mail 或者其他网络方式就可以方便轻松地将请帖送给您的亲朋好友。

（4）环保低碳。传统请帖印刷制作需要浪费大量材料,且这些请帖送出后,对方如果不想保留,扔掉还会产生固体垃圾。电子请帖是用数字技术来实现的,不需要任何实体材料制作,如果不想要,直接删掉就可以,不会产生任何垃圾,如果您的亲朋好友想把它珍藏起来留作纪念也很方便,只要存在电脑里就可以了,想看随时可打开,一点儿也不占地方,并且可以永久珍藏。

也正是由于电子请柬的这些优势,年轻人青睐用这种现代的邀请方式发出自己的请柬。

(http://www.d9soft.com/school/soft_jiaocheng/37918.html)

第十三章

营 销 策 划 书

学 前 三 思

1. 在商务应用文中,常常会运用一些带有文言色彩的惯用词语,比如我们学过的"商祺""一俟""惠顾"等词语,使文章显得简洁雅致,你知道这些词语是什么含义吗?

2. 营销和销售是一回事吗? 谈谈你的理解。

3. 请列举你知道的销售方式。

情 景 勾 勒

小艾接到××汽车广州总部通知,要求其即日赴穗参加"××汽车"营销策划专题工作会议。会后总经理找小艾谈话,让他根据会议精神执笔写作总公司的营销策划书。

学 习 例 文

××汽车营销策划书(纲要)

一、市场调查

1. **市场前景**:20××年我国汽车市场呈现平稳增长态势,产销量月月超过 120 万辆,全年汽车销售超过 1850 万辆,刷新全球历史纪录。今年 1~4 月,不仅总销售同比月月上升,而且越野车、中高级乘用车市场销售成长率高于平均成长率 1.2 个百分点。行业协会预计,随着部分早期用户的更新换代和不断有更多的中青年用户加入市场,汽车市场的景气将持续,其中尤其是中端车型将带动整个行业业绩再次超预期。

2. ××汽车性价比突出,动力强劲,外观典雅大气。20××年××汽车展上,××汽车被赞誉为"绅士首选,儒雅人士的最爱"。××汽车依托遍布全球的卓越实力,通过"战略平台、技术共享"的方式,始终在国际的 B+级车型中处于领先位置。××汽车创新集成"TGI 智能缸内直喷发动机""CONTI GEAR 6 速丝柔手自一体变速箱""四路多频 CAN-BUS 车身集成总线系统"以及"十位一体旗舰级安全系统"等引领全球汽车核心技术变革趋势的四大全球领先技术，在去年广州国际车展上脱颖而出，荣获"最佳公务用车奖"。

3. ××汽车虽然在欧美具有较高的知名度，但在国内知晓者尚不是很多。目前国内的消费者购车，大多数是跟着品牌走，品牌概念很重。因此在目前情况下，应该主打质量和服务，逐渐树立自身品牌的知名度。

4. 竞争状况：今年前4个月销量数据出炉，德系、美系、日系依旧占领中端车销售前三位。三者之中的任何一家均远远超出其他国家厂商车系。在强手如林的中国乘用车市场，如何站稳脚跟并逐步发展，是我们面临的严峻现实。

二、SWOT 分析

××汽车的内部优势（internal strengths）：××汽车创新集成"TGI 智能缸内直喷发动机""CONTI GEAR 6 速丝柔手自一体变速箱""四路多频 CAN-BUS 车身集成总线系统"以及"十位一体旗舰级安全系统"等引领全球汽车核心技术变革趋势的四大全球领先技术。在内部技术领域，我们与德、美、日相比，毫不逊色。我们有自己的创新与特色，尤其在汽车安全技术上我们处于全球领先地位。对我们汽车的典雅大气外观，据互联网调查，网友也十分欣赏，而且价格比较合理。

内部劣势（internal weaknesses）：相比较而言，我们进入中国市场时间较短，无论是我们对中国市场的认识与理解，还是消费者、爱好者群体对××汽车的肯定都需要有一个过程，这需要我们在销售、广告、公共关系等方面有更坚定的投入。也需要我们的新进员工对我们的品牌文化有更深入的理解。另外，我们的销售网点目前也相对较少，且局限于东南沿海主要城市。

外部机遇（external opportunities）：中国经济发展很快，中国有着世界上最庞大的市场，有着最庞大的公务用车市场和越来越庞大的中产阶级市场，对中端汽车的需求量尤其大。

外部威胁（external threats）：市场竞争日益激烈，部分车型已占据相当市场，新的品牌打开市场的难度增加。房地产市场不断升温，导致我们一进入就面临较高的成本压力。

三、市场营销目标

综合考虑公司的实际情况和市场需求，我们计划今年年销量 15 000 辆。1～3 月已完成销售 3 000 辆，余下每季度销售 4 000 辆。

四、市场划分与定位

国内汽车市场大致上可以从年龄段划分为两大块，以 35 岁为界。35 岁以下的年轻消费群体以中低端小型、紧凑型为主，也喜欢越野、运动类型。35 岁及以上人群以普通家用轿车为主，其中部分消费能力较强人士注重品牌，青睐典雅大气的中高端汽车。

我们的目标市场是部分消费能力较强人士，他们注重品牌，青睐典雅大气的中高端汽车。

我们的客户定位群：

1. 公务用车及公务员阶层。

2. 白领阶层的中高收入者。

3. 私营企业主。

4. 银行、电信、移动、邮政、电视台、报社等员工。

5. 在华工作的外籍人士。

目标客户群分析：综合本案情况，目标客户的年龄以 35～55 岁为主。该年龄层的群体基本具备了一定的经济基础和社会地位，有稳定收入，追求成功而又注重家庭和生活享受。这部分消费者虽然也看重品牌，但并不像部分年轻人那样唯品牌是从，而是偏重于理性消费，并不喜欢大肆张扬。而且我们依据欧美成熟市场的经验判断，当前中国汽车市场逐步走向成熟，汽车消费也会逐步走向理性，而我们的目标客户群，他们理应是这个过程的先行者。

五、广告策划

主题：百年传承，品味典雅

依托××品牌的百年历史，大力宣传欧美高雅人士对本品牌的喜爱，提高品牌效应。

1. 通过主流电视媒体进行广告宣传，聘请专业广告公司，拍摄大型广告宣传片，宣传品牌价值，弘扬品牌文化。

2. 在知名的报纸杂志上推广××品牌，特别是一些企业家、管理层、白领人士经常阅读关心的财经类报纸杂志上刊登品牌宣传广告。

3. 邀请明星代言，利用明星效应，拟邀请中年男性明星。

4. 举行一系列的活动。包括演唱会、慈善活动等。

5. 参加车展。主要是上海车展和广州车展。

六、营销网点与营销团队建设

1. 今年计划首先在华东地区建立六个销售点并成立××汽车华东分公司。

2. 招聘相关管理、销售及维修服务人员。

七、风险及其应变策略

1. 油价的不断上涨。自 2005 年以来，随着国际原油价格的不断攀升，中国迅速跟进，油价上涨一时变成了媒体刊登的热点话题。目前，油价已步入"8 元时代"，近期虽略有下降，但是中国的油价依然处于较高的水平。"买车容易，养车难"可能会成为打算出手买车人的较大的顾虑。

2. 在部分大城市，车牌价格不断上升，甚至一块车牌的价格要超过一辆普通轿车。

对第 1 点，本文认为油价逐步趋高，会对购车人的心理产生一定影响，但是我们也要看到，国际油价近两年实际已处于相对稳定状态，随着中国经济的不断发展，国内油价会随着收入的提高而相对降低。同时我们也看到，低端车对油价更为敏感。

（续）

> 对第 2 点,我们也认为车牌价格的高企对低端车的销售影响更大。
>
> **八、预算与控制**
>
> 1. 预算:(略)
>
> 2. 控制:
>
> (1) 建立销售日反馈制度。
>
> (2) 建立销售大区月度销售例会制度。
>
> (3) 成立中国区销售监管部门。
>
>
>
> ××汽车广州总部
>
> 20××年×月×日
>
>

学而思之

1. 营销策划书的写作除了要注意格式以外,还要注意些什么?

2. 参照上文的 SWOT 分析,你能否对自己来一个 SWOT 分析?

学习导航

1. 营销策划书是企业依据实际情况和需要,对一个阶段内企业营销活动的目标、实施方案与具体措施进行的设计。

2. 营销策划书首先应该建立在对自身情况和内外部环境充分了解的基础之上,"知己知彼"方能"百战不殆"。其次是有阶段性的营销目标,有了目标,才能依据目标来制定营销策略。最后是有适宜的营销策略和保证营销策略能够成功的具体措施。

3. 写作营销策划书四部曲:①构想;②创意;③策划;④策划书。运用发散性思维产生构想;好的构想形成有新意的创意;指向目标并有可能实现的创意就是策划;加上具体实施方案的策划文本,就是策划书。

4. 营销策划书要具有前瞻性、创新性、系统性。

写作点睛

1. 营销策划书没有固定的格式,但有必备的项目。通常营销策划书的基本结构是按照"市场分析→行业分析→企业内部分析→提出目标→明确定位→广告与营销活动策划→预算与控制"的顺序展开。

2. 写作营销策划书要注意以下几点:①逻辑性强;②简洁朴实;③可操作;④创意新颖。

随堂练笔

参照《××汽车营销策划书(纲要)》,小组合作为某一家乡特产设计一份营销策划书。

相关拓展

营销活动往往离不开广告,而一个成功的广告也离不开广告策划。请看下面这份广告策划书。

××品牌广告策划书(大纲)

一、引言

为完成公司营销计划,力争公司产品在今年第四季度进入华东、华南市场销量排行前五的位置,公司广告部对相关系列产品市场作了大量的调查和研究之后,结合公司的营销战略,拟定了本广告策划书。本策划书针对市场需求特点和公司实际情况对本年度的广告工作作出整体策划。

二、市场分析

(一)宏观市场分析

1. 随着人们生活水平的提高,化妆品市场飞速扩大。据国外有关调查公司统计,经济发展初期,国内生产总值每提高一个百分点,化妆品市场会提高1.5个百分点至2个百分点。中国目前正处于经济发展的初中期,化妆品市场有着巨大的发展潜力。

2. 中国人口基数巨大,富裕阶层和中产阶层人数众多。据官方媒体报道,中国现在已成为全球奢侈品消费第二大国。因此,对于化妆品而言,在中国,高、中、低端的产品都有着巨大的市场。

3. 中国经济今后15年仍将持续快速增长。据世界银行有关专家分析,中国经济在今后10~15年间仍将保持7%左右的强劲增长。

(二)相关产品市场分析

近10年来,中国化妆品市场以较快的速度发展,竞争十分激烈,但也存在以下的不足:

1. 产品结构存在很大的局限性。化妆品消费对象过分集中于女性世界,忽视了广大的男性世界。化妆品结构有待于进一步专门化、细致化。

2. 产品档次结构不够清晰,尚不能满足不同消费阶层的需求。普及型与高端产品的划分不分明。

3. 各主要品牌之间差异化很小,产品性能、定位趋于雷同。

（三）公司产品概况

××美发用品是××化妆品公司引进德国先进技术生产的高质量的美发护发系列产品，其配方引进德国独特的生物化合物，有独特护发功能，具有普遍的适用性。从我们所做的初步市场调查来看，其原品牌"×××"系列有较好的市场反应及一定的知名度，与同类产品相比，我公司产品独有的生物技术在国内市场上具有较大的优势。我们产品当前主要要做的是宣传广告工作，以进一步提高品牌的知名度。

（四）消费行为分析

洗发美发产品的购买主要是满足消费者保护头发、美化头发的需要，包括洗发、护发、染发等。这些需要最重要的特点是因人而异，并随着生活水平的提高快速发展。

（五）目标市场及特征

1. 各个年龄段均大量使用。

2. 没有明显的性别差异。

3. 没有明显的地域差别。

4. 与消费者的收入水平呈正相关。也就是说，收入水平越高，使用护发美发用品的人的比例越高。还有相当一批低收入人群，他们很少甚至不使用这一类产品。

5. 中国消费者比较多的使用护发染发产品。

6. 与社会时尚密切相关，尤其是染发产品和头发定型产品与时尚联系十分紧密。

7. 理发美发行业通常使用较大规格容量的护发美发产品。

三、营销障碍分析

××美发品牌曾经有较大的市场占有率，但近年来销量却一直徘徊不前，究其原因，主要表现为：

1. ××品牌系列产品自上市以来，一直以同样的产品、同样的形象出现在消费者面前，缺少变化。

2. 从外包装看，包装设计缺乏时尚元素和高贵感。

3. 从产品结构看，对不同性别、不同年龄层次消费者的需求尚不能完全覆盖。

4. 从产品种类看，发展速度赶不上市场需求，更谈不上引导创造需求。

5. 从销售网络看，销售渠道比较单一，局限于实体商场销售模式。

6. 广告宣传缺乏创意，且宣传面狭窄。

7. 近几年来，各种美发护发产品层出不穷，国外名牌大量涌入，造成品牌干扰和激烈的竞争，使消费者无所适从。

四、营销分析及建议

根据目前市场状况，美发护发用品尽管品牌众多，但存在结构高度集中，档次无跨度等特点，作为专营公司，首先应在品种、结构、档次上大做文章。

1. 开发各类人群适用，包括男性、老年、儿童的美发护发用品。将现有的销售对象进一步细分。以年龄分为儿童型、青年型、中年型、老年型；以品种分为长发用、短发用、油性用、干性用……以性别分为男用、女用等。

2. 作为引进德国的技术产品，应结合中国实际和东方人发质的特殊性开发产品，适应东方人的特点并将此作为最重要的开发目标和宣传点。

3. 建立强有力的销售网络，针对目前销售力量不均匀的特点，尽快建立以上海为中心的华东地区销售体系和以广州为中心的华南地区销售网络。

五、广告战略

广告实施总体上拟划分为三个阶段进行：

第一阶段，以发布告知性广告为主，向目标消费者传达新产品上市消息，使目标消费者对新品牌有一个初步的认识，为第二阶段重点广告宣传作铺垫。

第二阶段，以发布说明性广告为主，此阶段为整体战略之重点，目的使目标消费深入全面了解"××"品牌特色，以及她所倡导的美发文化，由此获得深刻印象并产生好感和信任，激发消费者的购买欲望。

第三阶段，是前二个阶段的延续，伴随新产品开发的推出，以发布告知性和提示性广告为主，不断提醒消费者避免品牌遗忘。

以上三个步骤的广告战略，对于打开市场，表现为渐进式，力求稳妥，同时在实施广告战略过程中，必须有效地注意以下几个问题：

1. 稳扎稳打，逐步推进。任何品牌的建立都是个日积月累的过程，切勿急功近利，企图通过广告的力量，立刻获得市场的成功。必须树立长期绩效的观点，要有一段市场发育的培养期。广告促销只有与良好的营销推广相结合才能有足够成效。

2. 公司广告部负责统筹各地广告实施告知工作。

3. 与广告代理公司和媒体保持密切联系，密切关注广告创意和市场效应。

第一阶段（××××年××月至××××年××月）：准备工作。

1. 全面的、详细的、系统的市场调查，用于提供新产品开发的市场依据和提供广告策划所需的信息依据。

2. CIS 形象设计，包括新产品的外包装设计、宣传册的设计、宣传图片设计、路牌广告、车身广告、电台广告、DM 广告、"××"专卖柜等的设计。

3. 创办或合办杂志的准备工作，包括有关国际流行发型图片、文字资料的提供，杂志版面设计。

4. 扩充销售网络，建立以上海为中心的华东地区销售系统，协助销售系统设立部门、选拔人员、设置人员及培训人员。

5. 电视广告策划及制作的前期准备工作。

第二阶段（××××年××月至××××年××月）：实施。

1. 路牌、车身、电台、广告的实施。

2. DM 广告的实施。

3. 宣传手册的印制。

4. 礼品制作。

5. 杂志合办专栏开始制作第一期。

（续）

6. 电视广告的制作,与广告主共同协商平面广告的实施计划。

第三阶段(××××年××月至××××年××月):高潮(平面广告及电视广告实施)。

随着销售旺季的到来,这阶段广告要全面铺开,全方位、多层次、高密度地进行广告攻势以期达到轰动效应,内容包括:

1. 路牌、车身、电台、广告、DM 广告继续实施。

2. 各地专卖柜陆续开业并发放宣传册及礼品。

3. 平面广告实施。

4. 电视广告实施,15 秒或 30 秒的电视广播在这个阶段以较高的频率播出。

5. 开通"××"美发热线,为处于消费旺季的消费者提供咨询指导。

六、预算

预算包含市场调研费、广告设计费、广告制作费、广告媒介使用租金、广告机构办公费与人员工资等项目。

详见以下表格。(表格略)

七、广告效果预测

经过以上两个阶段多层次、多形式的广告营销攻势,我们预计到今年年底,在华东、华南地区,"××"品牌知名度将大幅度提高,销售收入可以增加 15%。对完成公司销售目标并进入华东、华南地区销售前五奠定基础。

写作指要

1. 广告策划书是根据广告策划结果而写的,提供给广告主加以审核并认可广告运作的策略性指导文件。

2. 广告策划有三个特点:明确的目标、独特的创意和明确的可操作性。

3. 一份完整的广告策划书通常应包括如下内容:前言、市场分析、广告战略或广告重点、广告对象或广告诉求、广告地区或诉求地区、广告策略、广告预算及分配、广告效果预测。

巩固练习

1. 说说广告策划书与广告文案的区别。

2. 用 SWOT 原理,对自己的就业前景进行分析。

3. 一年一度的"学生职业体验日"即将来临,请为学校写一篇广告策划书。(建议学生按 3～5 人为一组,小组合作共同完成)

参考材料:2015 上海市学生职业体验日。

今年的活动主题为"体验职业 发现自己 启迪未来",广大中小学生将通过走进职校、体验活动,了解职业教育、体验职业、树立职业理想,提高创新精神和实践能力。

开放日活动将通过读卡设备获取参与体验活动学生的电子学生证信息,实时将相关信息传送到后台的信息管理系统,使体验活动成为本市中小学生综合素质评价的重要组成部分。目前,共有 62 所职业学校、78 个实训中心、340 个职业体验项目,比上年增加 55.7%。预计可供全市近 5 万～6 万名学生参与体验活动。

活动安排

4 月 10～11 日,上海科技馆;

4 月 18～19 日、25～26 日,在全市 17 个区县 62 所职业学校。

4. 网上查找一个你喜欢的市场营销策划案例,说说它的成功之处是什么?

知 识 链 接

一、SWOT 分析法案例分析——中国电信的 SWOT 分析

(一) 中国电信的优势(Strength)和劣势(Weakness)分析

1. 自 20 世纪 80 年代中期起,中国电信经历了近 30 年的高速发展,已经形成了规模效益。尽管此间经历了邮电分营、政企分开、移动寻呼剥离、分拆重组等一系列的改革,但在中国的电信业市场上,中国电信仍具有较强的竞争和发展优势,主要表现在客户资源、网络基础设施、人才储备、服务质量等方面。

(1) 中国电信市场引入竞争机制后,中国电信与中国移动、中国联通、中国网通等运营商展开激烈竞争。中国电信南北分拆后,在保留原有大部分固定电话网和数据通信业务的同时,继承了绝大部分的客户资源、保持了良好的客户关系,在市场上占领了绝对的优势。1.79 亿的固定电话用户,1 500 多万的数据通信用户,为中国电信发展业务奠定了良好的基础。

(2) 中国电信基础网络设施比较完善。改革开放 30 多年来,中国电信已建成了覆盖全国,以光缆为主、卫星和微波为辅的高速率、大容量、具有一定规模、技术先进的基础传输网、接入网、交换网、数据通信网和智能网等。

(3) 中国电信在发展过程培养和储备了一大批了解本地市场、熟悉通信设备的电信管理和技术能力较强、结构合理的管理和专业人才。同时中国电信还积累了大量丰富的经营管理经验,拥有长期积累的网络管理经验、良好的运营技能和较为完善的服务系统。

(4) 中国电信日趋完善了服务质量。中国电信还设立了服务热线(10000)、投诉热线(180)等,建立了与用户之间的沟通服务,提供互动式服务。

2. 虽然中国电信具有一定的发展优势,但我们应该辩证地看待这些优势。辩证法告诉我们,优势和劣势都是相对的,即在一定的条件下,优势很可能就转变成劣势。中国电

信虽然拥有丰富的客户资源、完善的网络设施以及大量的储备人才,但缺乏现代企业发展所必需的战略观念、创新观念、人力资源开发管理、人文环境建设以及与此相适应的市场制度环境。业内人士认为,中国电信拥有资源优势,但却缺乏资源运作优势,一旦不慎,优势很可能就转变成劣势。目前,中国电信的劣势主要表现在以下几方面:

(1) 企业战略管理与发展的矛盾。一方面是企业决策层只重视当前战术和策略,忽视长远战略,湮没在日常经营性事物中,不能统观大局;另一方面企业缺乏应对复杂多变环境的企业运作战略策划人才。这个问题是当前实现企业持续发展、保持长久竞争优势的核心问题。

(2) 企业内部创新与发展的矛盾。

(3) 中国电信现有的基础设施不能为用户提供特色服务。中国电信虽然拥有比较完善的网络基础设施,但这大都不是根据市场的实际需要建设的,而是为了满足普遍服务的需要。

(4) 拆分让中国电信由主体电信企业降级到一个区域性的电信企业。中国电信的主要阵地将固守在南方市场,而北方市场将由中国网通占领。即使受到拆分影响,但中国电信的实力仍然最强,只是苦于无全国网络,无法开展全国性的业务。

(二) 中国电信的机会(opportunity)和威胁(threat)分析

1. 我国国民经济的快速发展以及加入 WTO 后,将为我国的信息化建设和通信发展提供前所未有的发展机遇。同时也为中国电信提供了巨大的机会,主要表现为:

(1) 国民经济的持续快速发展,形成了潜力巨大的市场需求,为中国电信提供了更大的发展空间,而且入世又将推动外资的引进和内需的拉动。入世后,各地极大地改善投资环境,法律透明度的提高和国民待遇的实现吸引了大量外来资本,本地企业实力将得到提高和增强,企业电信消费水平也随之提高。劳动力市场结构的调整和转移必然带来社会人员的大量流动,同时拉动巨大的通信需求,话务市场将进一步激活。

(2) 电信业法律、法规不断健全完善,电信业将进入依法管理的新阶段,为中国电信的发展创造了公平、有序的竞争环境。

(3) 中国政府大力推进国民经济和社会信息化的战略决策,为中国电信的发展创造了历史性的机会。"三大上网工程"(政府上网、企业上网、家庭上网)造就了我国消费能力强劲的信息产业市场,为我国信息产业市场创造良好环境的同时,也使我国成为全球较大的信息产业市场之一。

(4) 中国加入 WTO 以来,电信市场逐步对外开放,将加快企业国际化进程。这有利于企业的经营管理、运作机制、人才培养与国际接轨。

(5) 电信市场潜力巨大。首先,我国经济发展不平衡,地区之间、消费层次之间的差异决定了电信需求的多层次和多样化,而通信技术的飞速发展,促进电信企业的网络升级换代和业务的推陈出新,在固定电话网与计算机通信的融合点上开发新业务潜力巨大,激发出新的消费需求。因而,从总体上看,我国电信市场孕育着巨大的需求潜力。其次,从固定电话看,中国电信平均主线普及率只有 13.8%,远低于发达国家平均水平。主线收入、盈利水平和市场规模也与发达国家平均水平相差甚远，发展的空间和潜力仍旧巨大。最后，从中国电信的其他业务看，互联网和固网智能网业务的市场规模和盈利能力将随着企业外部环境层次的提高而不断扩大。

（6）移动牌照的发放。目前，移动通信领域是潜力最大，也是竞争最激烈的通信领域，将成为各电信企业的必争之地。一旦中国电信拿到了移动牌照，那么移动领域将是中国电信的又一主营业务。

2. 正所谓机会与威胁同在。任何事件的影响都是相对的，中国电信在迎接巨大机会的同时也将面临巨大的威胁，具体表现在以下几个方面：

（1）电信市场竞争格局由局部转向全面、简单转向多元。首先，在竞争趋势方面，国内市场竞争将由价格竞争向核心能力创新竞争过渡。其次，入世后的国际资本竞争压力也将逐步增大。

（2）中国电信人才流失较为严重。国内外许多公司采用高薪、高福利等政策吸引中国电信人才，造成中国电信人才严重流失。这一现象至今仍未得到解决。人才的流动是竞争的必然结果，是关系到中国电信生存发展的关键问题。因此，如何体现人才价值、发挥人才潜能，是中国电信必须正视的一个问题。

（3）非对称管制对中国电信的影响。中国电信在经营许可、互联互通、电信资费、电信普遍服务等方面受到相对严格的行业管制。在目前的中国电信市场上，管制的不平等已经制约了中国电信的发展，在日趋激烈的电信市场竞争形势下，不尽快进行改革，中国电信只有一死。

（http://wenku. baidu. com/view/502a9c45b307e87101f6960e. html？ re＝view）

二、文化赞助营销实例——《狮子王》的胜利

2005 年 2 月，由上海市委宣传部、上海大剧院艺术中心、上海文化广播影视集团股份有限公司和上海文化发展基金会共同发起成立了上海文化发展基金会大剧院艺术中心艺术发展专项基金会。该基金会的主要任务是资助表演艺术创作；资助上海大剧院艺术中心及所属艺术院团原创性、探索性、经典性、国际性的表演艺术精品，扶植表演艺术人才；资助上海大剧院艺术中心及所属艺术院团艺术领军人才引进和艺术骨干进修提高；资助重大演艺活动；资助上海大剧院艺术中心组织的高层次、大规模、创新性、经典性、综合性重大演艺活动或演艺项目；资助表演艺术交流；资助有助于提升上海大剧院艺术中心表演艺术总体实力、艺术水准和品牌影响力的区域性、国际性表演艺术交流项目。

首度合作成功运营的项目是音乐剧《狮子王》。2006 年 10 月 8 日下午，一场别开生面的仪式在上海文化广播影视集团旗下的上海大剧院举行，在"沙祖""丁满"和"蓬蓬"等角色的簇拥下，上海大剧院院长方世忠、迪士尼公司副总裁唐军手持木槌，打破了"100"字样的巨大冰雕，象征着英文原版音乐剧《狮子王》在上海成功突破 100 场演出。3 个月的时间，《狮子王》刷新了音乐剧演出的 3 项全国纪录：最多的演出场次 101 场、最高的票

房收入 7 200 万元、最高单日出票突破 5 000 张。

然而从签约到演出结束,上海大剧院几乎没有动用一分钱的现金,零本金运作 6 000 多万元的大手笔,这样的"天方夜谭"得益于上海大剧院成功的商业谈判,特别是全新大胆的商业运营模式。

引进《狮子王》需要 6 000 多万元的资金,按照上海大剧院此前引进音乐剧的做法,完全靠自有资金运作根本不可行。上海大剧院决定采用国际通行的音乐剧运作商业模式,利用自身和项目品牌的号召力,引入资本运作的商业模式,采取了"三步走"的策略。

第一步,以品牌为依托,通过上海文化发展基金会的文化扶持项目资助,获得银行 4 000 万元贷款。按照惯例,上海大剧院每次在引进重大项目时,应将相关事宜向市政府宣传部汇报。所以早在 2006 年 2 月 21 日《狮子王》新闻发布会之前,上海文化界对于该剧的演出已经是人尽皆知。此时,上海市文化发展基金会向上海大剧院抛出了橄榄枝,表示若上海大剧院有需要的话,基金会可以在资金方面提供帮助,双方一拍即合,最终成就了这次合作。

《狮子王》是上海大剧院与上海文化基金会的首次合作,也是上海大剧院首次借助品牌的力量向外融资将音乐剧推上舞台。作为百老汇时尚与经典的最佳剧目,《狮子王》自然在基金会文化资助的范围之内。本着"致力于上海文化事业的繁荣发展"的宗旨,《狮子王》项目在基金会的审批中一次性通过。而且在《狮子王》向银行申请贷款的过程中,文化基金会也担当了主要角色,整个银行融资过程都由基金会出面牵头完成,上海大剧院进行必要的配合。最终,上海文化基金会借助自身良好的信誉和少量的资金向中国建设银行提供担保,并以贴息的方式为上海大剧院获得了中国建设银行 4 000 万元的银行贷款,分 2 年还清。如果说上海大剧院与上海文化基金会的合作是出于某种机缘巧合,但是偶然之中包含着必然。"经典性、原创性、民族性、公益性、普及性、保护性、学术性"一向是上海文化基金会向社会广为昭示的资助导向,并在专家评审中充分体现基金会的文化追求和理念。

第二步,上海大剧院在社会赞助方式上也有所变化,凭借《狮子王》的品牌号召力获得了 1 000 多万元的社会赞助。

由于在引进音乐剧《狮子王》的购置版税方面,迪士尼给予了很大的优惠,所以从严格意义上来说,迪士尼无形中成为了音乐剧《狮子王》的首席赞助商,但这次大剧院没有采取"首席赞助"这一概念,这改变了以往"唯一"指定的赞助方式,而是邀请更多企业赞助。上海大剧院通过与国内一家知名公关公司合作,委托公关公司为《狮子王》寻找社会赞助商,结果,通用雪佛兰、国泰航空、美力士、招商银行信用卡中心、上海电信、星巴克咖啡成为了《狮子王》的"协同赞助"企业。

在赞助商的回报方式上,大剧院采取了让赞助商参与宣传活动、开设企业专场,票务赠送等方式,赞助商的名称也会在广告、报纸、网络媒体中出现。

第三步,在新闻发布会之后,《狮子王》的票务销售开始启动,宣传活动也随之展开。在强大的宣传攻势下,《狮子王》的票务销售情况也异常火爆,首演前出票量超过 4.8 万张,出票金额超过 2 000 万元。到 101 场演出全部结束,票房收入总共达到 7 200 万元。

这样一来,银行贷款和社会赞助总共 5 000 万元,加上票房收入 7 200 万元,上海大剧院在先行支付了迪士尼 6 000 万元购置费后,仍有盈余。而盈余的资金在还贷期之前还可以用来滚动投资下一部音乐剧《妈妈咪呀》。

引入社会资本,通过资本运作,不断产生叠加的效益,将更多的资金投入到新项目的运作中,从而产生新的利润,这是上海大剧院按照音乐剧产业运作的国际惯例,以自身品牌和经典产品为依托,利用社会资本运作的第一次成功尝试。

(http://www.ccmedu.com/bbs9-58374.html)

模块四　商务管理

第十四章

销 售 报 告

学 前 三 思

1. 薪酬和工资是一回事吗？
2. 毛利与净利有何联系与区别？
3. 什么叫"同比"，什么又叫"环比"？

情 景 勾 勒

作为××汽车4S店的副经理，小艾每月的月末都要对当月的销售情况进行总结，并写成销售报告上报给××汽车广州总部，以便公司上层管理者了解产品的销售情况，为制订下月的销售计划打下基础。

学 习 例 文

2014年一季度销售报告

一季度销售工作依照年度销售工作计划要求，重点做了开拓新市场，发展新客户的"双新"工作。销售工作同比和环比都有一定增长，具体情况报告如下。

1. 一季度销售数据

（1）销售数据。

	人民币（万元）	同比增长	环比增长	计划完成率
销售额	4 100	16%	12%	105%
销售毛利	550	14%	10%	104%

（2）市场数据。

	单位（个）	同比增长	环比增长	计划完成率
客户数量	125	22%	18%	110%
客户区域	15	18%	16%	108%

（续）

2. 数据分析

（1）销售额与销售毛利与客户数量、客户区域呈同步增长。这说明公司年初制订的销售方针是正确的。

（2）销售额与销售毛利的增长低于客户数量与客户区域的增长。这意味着我们平均每单的销售额有所下降。造成此种现象的原因是购买力不平衡，二线城市的购买力相对较低，所需车辆档次也相对较低。

（3）毛利率的增长低于销售额的增长。造成此种情况的原因是由于市场竞争日趋激烈，部分车辆降价促销。

3. 我们的做法

（1）在年度销售工作计划制订讨论会上，我们依据公司开拓市场的要求，结合当前汽车市场发展的大趋势，作出了把销售工作的重点放在二线城市上面的决定。

（2）加强新区域的销售宣传和促销力度。成立专门人员小组，召开专门会议，制订新区域专门营销计划。

（3）做好老客户的联谊工作。做生意最怕有事有人，无事无人。我们抓住一季度元旦、春节、元宵等传统节日，加强与老客户的感情联系，希望把他们发展成为我公司的忠实用户。

4. 二季度的打算

二季度销售工作以巩固为主，发展为辅。商场如战场，新占领的市场就如新夺取的阵地，不及时加以巩固，很可能会得而复失。开拓新市场目前遇到的最大困难是人手不够，希望这方面能得到公司的支持。

南海公司××汽车 4S 店

二〇××年×月×日

学而思之

1. 通过阅读上文，你可以推断，在写作销售报告之前，先要做些什么工作？
2. 你从上面例文中读到了哪些信息？请用自己的话复述。

学习导航

1. 销售报告是对一定时期的销售情况进行总结并向有关领导报告的常用商务文书。销售报告有月报、季报、年报等。

2. 销售报告通常是以数据来说话的，其数据通常包括销售额、毛利、市场占有率、营销预算及实际使用等。数据要真实准确。

3. 销售报告一般来讲应该包含以下几个方面内容：①在这段时间，你主要做了些什么及为什么这么做（见例文第一段）。②做的结果怎样（见例文"销售数据"及"数据分析"）。③怎样做的（见例文"我们的做法"）。④未来打算怎样做，有什么困难和需要公司支持的地方（见例文"二季度的打算"）。

写作点睛

写作销售报告，最关键是用数据说话。在数据分析的基础上，分析得与失、成与败及其原因，并写出未来的打算。

随堂练笔

请根据下面内容写一份季度销售报告。

宏利超市 20××年第三季度的销售总额为 7 500 万元，毛利润为 760 万元，净利润为 230 万元，同期对比净利润下降了 30 万元，但环比增加了 10 万元。经统计，滞销商品为百货，应季商品几乎占所有商品销售额的一半。销售部分析利润下滑的原因有：距离宏利超市 1 公里左右的家乐福超市五一节开张，带走了一些周边的老顾客；电子购物便捷实惠，成为年轻人的首选；促销力度和家乐福超市相比不够大，等等。同时，本季度对应季商品的广告较好地带动了顾客的购买欲望。销售部在分析原因的基础上提出了第四季度的经营策略。

相关拓展

销售报告作为报告的一种，在写法上和总结有很多的相似之处，两者可以相互转化，但是要注意两者在写作的侧重点上还是有所不同的。请认真阅读下文，体会两者的不同之处。

强化管理　扭亏增盈
——20××年度销售工作总结

一、总体目标完成情况

20××年，销售部在公司统一部署下，通过全体销售人员的齐心协力，共完成销售任务 3.6 亿元，超额完成原定的目标计划 3 亿元，创利 6 000 万元。

二、今年销售工作的主要经验

我们在传统销售经验的基础上，今年主要改进了三项工作并取得了实效。

1. 修订销售奖励制度，突出以销售业绩为衡量提成的标准，细化奖励档次，拉开奖励的差距，从而激励员工的工作积极性。本年度销售人员的个人业绩较上一年度都有不同程度的提高。

（续）

2. 调整任务分配形式，由原来的任务下达到小组调整为任务下达到个人，同时个人将自己的任务分配到不同的月份，并以月份为单位考核员工的业绩。这种做法，让员工有了完成任务的紧迫感。

3. 加强销售任务的监控。我们将原来的销售工作会议由原来的1个月一次调整为1个月两次，及时掌握各片区的销售情况和市场情况，并提出应变措施。这样做的结果，增强了市场的应变能力。

三、今年销售工作的不足之处

今年是公司的创利年，但净利润增长不到6％，究其原因主要有以下几个方面的因素：

1. 销售队伍的年龄结构不合理。我们现有销售人员65人，平均年龄为52岁，整个队伍的年龄偏大。这些销售人员有很丰富的销售经验，能吃苦耐劳，有一批关系较好的老客户。但是他们的弱点也很明显，比如开拓新客户、新市场的能力明显不如年轻人，而且这批员工普遍处在上有老下有小的人生阶段，家庭的牵绊较多，在一定程度上影响了工作。此外，销售人员的整体素质也有待进一步提高。

2. 市场竞争激烈，价格战使利润缩水。在市场经济的大环境下，各企业的竞争已经越来越白热化。在产品普遍相同或类似的情况下，价格的竞争，成为销售渠道上的一个大关口。在我们的产品品牌优势不明显的情况下，这种价格战造成了创利方面的压力，使利润缩水。

3. "应收款"数额大。受经济环境的影响，客户普遍支付延期，应收票据、应收账款、预付账款等"应收款"数额大，造成我们的资金回笼计划不准时，影响了公司的整体运作。

四、今后销售工作打算

1. 招聘新的销售人员，扩大销售队伍，并加强对员工的培训……

2. 提高产品质量和特色，有利于形成差异化竞争……

3. 创新方法，加大资金回笼的力度，规避企业风险……

4. 挖掘潜在市场，发展更多的销售平台……

5. 建议成立信息部，随时关注业内动态，研判市场发展动向，以便及时调整产品和销售策略……

过去1年，我们走过了艰辛起步，由亏转盈的艰难历程，我们也从中品尝到了收获的快乐。新的1年，我们站在一个新的起点，面对未来更严峻的挑战，我们相信，有上级的信任和指导，有团结协作、努力拼搏精神，有优秀的员工队伍，我们的未来充满希望，将为公司创造更丰厚的利润。

销售部

20××年××月××日

写 作 指 要

1. 总结是对过去一段时间工作、学习或其他方面情况的一个回顾,常常用在某一事项完成之后。总结的作用是希望找出这段时间以来工作、学习当中的得失,或某一事项完成过程中的经验与教训,以利于今后把事情做得更好。

2. 总结有两类:一类是综合性总结,一类是专题总结。综合性总结多用于各类单位,如"20××年度××公司工作总结"。专题总结只针对某一个方面的工作进行,如例文就是一篇只针对销售工作的专题总结。例文的标题采用了主副标题的形式,主标题是点明总结的主题,副标题标明总结内容。

3. 总结的写法:总结的写作内容通常包括四个部分,即基本情况(概述背景和工作完成情况)、措施和做法(采取了哪些方法、措施,收到了什么效果等)、经验和教训(有哪些经验和教训可以吸取)、今后打算(下一步将怎样纠正错误,发扬成绩,准备取得什么样的新成绩)。

巩 固 练 习

1. 分析销售报告和销售总结的联系与区别。

2. 请比较并完成下面三个小问题:①数字和数值这两个概念可以混用吗? ②有的电子商务网站上把人民币书写成:￥100.00 元,你认为这样写正确吗? 为什么? ③请指出"￡""€""＄"分别代表哪种货币符号?

3. 根据下面材料写一份学期学习总结,可合理想象补充相关内容。

小李中专毕业后在一家贸易公司担任业务员。为了提升学历,同时学习更多的知识,他报名参加了浦江大学夜大学开设的工商管理专业的学习。第一学期他学习了市场营销、电子商务、企业财务管理等三门课程。通过《企业财务管理》这门课的学习,让他深刻地认识到资金的时间价值。受到《电子商务》这门课程的启发,小李向经理提出合理化建议,最终促成了公司网上交易的开展。通过一个学期的学习,小李最大的收获是:最好的学习方法是理论联系实际,最大的学习动力是实践的需要。

知 识 链 接

一、哈佛毕业生穿越玉米地的故事

田野上,清新的风徐徐地吹来。铺展在你们眼前的,是一片果实累累的玉米地,同时,这又是一片隐藏着无数大大小小陷阱的玉米地。

今天,你们将穿越它。

你和你们的对手们将要进行一场有趣的竞赛:看谁最早穿越玉米地,到达神秘的终点,同时,他手中的玉米又最多。

也就是说,你穿越玉米地,要比别人快,手里要有更多的玉米,而且还要时刻保证自己的安全——这是"玉米地游戏"的三个生存要素:速度、效益和安全。

你可以进行一万种以上的选择,再高明的数学大师都无法计算出这三者之间的最佳比例——或许世界上根本就不存在这样的公式。不同的状态,会产生不同的结果,而每一个最佳的方式,又因为客观环境和条件的变化而变化。穿越玉米地的过程,就是创业决策的过程,N 次的选择将产生 N 种经营状态和结局。

穿越的魅力就在这里。你为什么要穿越玉米地?

当你的人生开始一场新的角逐的时候,在你的事业掀开新的一页之际,你曾经认真地直面过这个问题吗? 而这个问题又真的有那么重要吗?

有一年,一群意气风发的天之骄子从美国哈佛大学毕业了,他们即将开始穿越各自的玉米地。他们的智力、学历、环境条件都相差无几。在临出校门时,哈佛对他们进行了一次关于人生目标的调查。结果是这样的:27%的人,没有目标;60%的人,目标模糊;10%的人,有清晰但比较短期的目标;3%的人,有清晰而长远的目标。

以后的 25 年,他们穿越玉米地。

25 年后,哈佛再次对这群学生进行了跟踪调查。结果是这样的:3%的人,25 年间他们朝着一个方向不懈努力,几乎都成为社会各界的成功人士,其中不乏行业领袖、社会精英。10%的人,他们的短期目标不断地实现,成为各个领域中的专业人士,大都生活在社会的中上层。60%的人,他们安稳地生活与工作,但都没有什么特别成绩,几乎都生活在社会的中下层。剩下的 27%的人,他们的生活没有目标,过得很不如意,并且常常在抱怨他人、抱怨社会、抱怨这个"不肯给他们机会"的世界。

其实,他们之间的差别仅仅在于:25 年前,他们中的一些人知道为什么要穿越玉米地,而另一些人则不清楚或不很清楚。

(http://blog.renren.com/share/260991841/838474183)

二、毛毛虫效应:凸显人生规划随大流的弊端

毛毛虫习惯于固守原有的本能、习惯、先例和经验,无法破除尾随习惯而转向去觅食。

法国心理学家约翰·法伯曾经做过一个著名的实验,称为"毛毛虫实验":把许多毛毛虫放在一个花盆的边缘上,使其首尾相接,围成一圈,在花盆周围不远的地方,撒了一些毛毛虫喜欢吃的松叶。

毛毛虫开始一个跟着一个,绕着花盆的边缘一圈一圈地走,一小时过去了,一天过去了,又一天过去了,这些毛毛虫还是夜以继日地绕着花盆的边缘在转圈,一连走了七天七夜,它们最终因为饥饿和精疲力竭而相继死去。

约翰·法伯在做这个实验前曾经设想:毛毛虫会很快厌倦这种毫无意义的绕圈而转

向它们比较爱吃的食物,遗憾的是毛毛虫并没有这样做。导致这种悲剧的原因就在于毛毛虫习惯于固守原有的本能、习惯、先例和经验。毛毛虫付出了生命,但没有任何成果。其实,如果有一个毛毛虫能够破除尾随的习惯而转向去觅食,就完全可以避免悲剧的发生。

后来,科学家把这种喜欢跟着前面的路线走的习惯称为"跟随者"的习惯,把因跟随而导致失败的现象称为"毛毛虫效应"。在自然界中,许多比毛毛虫更高级的生物身上,这一效应也发挥着作用,其中比较典型的就是鲦鱼。鲦鱼因个体弱小而常常群居,并以强健者为自然首领。科学家将一只稍强的鲦鱼脑后控制行为的部分割除后,此鱼便失去自制力,行动也发生紊乱,但其他鲦鱼却仍像从前一样盲目追随。

(http://www.doc88.com/p-7788316770666.html)

三、两家小店的营销启示

有两家卖粥的小店。

左边这家和右边那家每天的顾客相差不多,都是川流不息,人进人出的。然而晚上结算的时候,左边这家总是比右边那家多出了百十元。天天如此。

于是,我走进了右边那家粥店。服务小姐微笑着把我迎进去,给我盛好一碗粥。问我:"加不加鸡蛋?"我说加。于是她给我加了一个鸡蛋。

每进来一个顾客,服务员都要问一句:"加不加鸡蛋?"也有说加的,也有说不加的,大概各占一半。

我又走进左边那家小店。服务小姐同样微笑着把我迎进去,给我盛好一碗粥。问我:"加一个鸡蛋,还是加两个鸡蛋?"我笑了,说:"加一个。"

再进来一个顾客,服务员又问一句:"加一个鸡蛋还是加两个鸡蛋?"爱吃鸡蛋的就要求加两个,不爱吃的就要求加一个。也有要求不加的,但是很少。一天下来,左边这家小店就要比右边那家多卖出很多个鸡蛋。

营销启示:给别人留有余地,更要为自己争取尽可能大的领地。只有这样,才会在不声不响中获胜。销售不仅仅是方法问题,更多的是对消费者心理的理解。

(http://news.mbalib.com/story/41343)

第十五章
绩效工资考核办法

1. "夫文本同而末异,盖奏议宜雅,书论宜理,铭诔尚实,诗赋欲丽。"你是怎样理解这句话的?

2. 俗话说"不以规矩,不成方圆"。请查一查,"规"和"矩"各指的是什么。想一想,规矩在实际生活中包含哪些内容? 又起到了什么作用?

3. 公平是社会主义核心价值观之一。想一想,怎样发放薪酬才符合公平的原则?

情 景 勾 勒

小艾所在的南海××汽车4S店为了提高员工的工作积极性,为企业创造更多的利润,由小艾执笔,在征求员工意见的基础上,制定了《××汽车美容店绩效工资考核办法》,由经理批准后执行。

学 习 例 文

南海××汽车4S店绩效工资考核办法

为充分调动公司员工工作积极性,提高工作效率,建立劳动贡献与薪酬回报相挂钩的正向激励机制,实现薪酬管理与分配的制度化,规范化,从而保持企业持续健康发展,特制定本办法。

一、绩效工资考核的适用对象

本办法适用于本店除经理以外的所有员工。

二、员工薪资构成

薪资＝基本工资＋绩效工资

基本工资以不低于当地最低工资标准执行,并随着当地最低工资政策的变化而增

减。基本工资随工作年限逐年调整,且与工作岗位和职位挂钩。绩效工资依据企业整体效益和个人考核结果评定。其中70%随当月工资发放,30%依据年底考核情况一次性发放。

三、考核办法

1. 组长由门店经理负责考核,其他员工由组长负责考核。

2. 组长应当每天完成当天组内每位员工的考勤记录、工作记录和全组营业记录以作为考核依据。

3. 每位员工在每月3日前完成自我考核,并将自我考核表报组长。

4. 组长在每月5日前完成上月组内所有员工考核得分汇总表和营业记录报门店经理。

5. 每年1月15日前,每位员工完成年度自我考核并交给组长。1月20日前,组长完成对组内每位员工的考核并报门店经理。

四、考核内容与评分

个人考核与班组考核满分均为100分。

1. 个人考核

(1) 劳动纪律20分。每迟到或早退一次,扣1分;旷工半天扣3分。违反本店任何规章制度,视情节轻重扣1～5分。

(2) 工作业绩60分。人均基本工作量为人均营业额550元/每天。达到此指标则获得45分。在此基础上,每增加人均营业额15元增加1分。

(3) 客户满意度20分。客户满意度测评由客户在服务结束后当场填表进行。分非常满意、满意和不满意三档。当天客户测评全部为非常满意,则该项得分20分。以20分为基数,得一个满意扣0.5分,得一个不满意扣2分。

2. 班组长考核

(1) 工作业绩60分。班组基本工作量等于班组人数乘以550元。达到此指标则获得45分。在此基础上,每提高2%加1分。

(2) 返修率20分。当月零返修得20分,在此基础上,每出现1次,扣2分。

(3) 管理效率20分。目前主要考核绩效管理各项表格的及时填写与上报。凡被查出1次未及时填写或填写出现明显错误,扣2分;凡有一次未按时上报扣3分。

3. 年终考核

年终考核以月度考核为基础,加上创新奖励。

(1) 月度考核全年总分80分,以个人和班组最高分为满分80,其余得分按实际得分÷最高得分×80得到。

(2) 创新奖20分。创新奖包含技术创新和管理创新。创新奖由班组提出,门店经理与班组长共同评定奖励系数。

五、此方案自颁布之日起施行

经理办公室

20××年×月×日

学 而 思 之

1. 从上文中找出制定《绩效工资考核办法》的目的是什么？

2. 为了发挥考核制度的正向激励作用，在制定制度时只有"奖"没有"惩"，你认为这样的制度是不是更好呢？

学 习 导 航

1.《绩效工资考核办法》是单位对照工作目标或绩效标准，采用一定的考评方法，评定员工的工作任务完成情况、员工的工作职责履行程度和对单位发展的贡献等，并将上述评定结果通过薪资形式反馈给员工的一种制度。《绩效工资考核办法》是人力资源管理制度中的核心制度，关系到员工的切身利益，进而影响企业的稳定和发展。因此，考核的过程要做到客观、公开、公平、公正。

2.《绩效工资考核办法》是对员工进行考评的制度之一。单位对员工进行考评的最终目的是改善员工的工作表现，以达到企业的经营目标，并提高员工的满意程度和未来的成就感。考评的结果主要用于工作反馈、报酬管理、职务调整和员工聘用。

写 作 点 睛

《绩效工资考核办法》写作主要包括以下几个方面：考核目的、适用对象、工资构成、考核办法及考核原则、考核内容等。

随 堂 练 笔

请根据下面材料尝试写作《收银员绩效考核细则》，可合理补充相关内容。

宏利超市为了更客观地评价收银员的工作态度，提高收银员的工作效率，制定《收银员绩效考核细则》，由门店的店长负责，每月考核一次，考核结果与工资挂钩。考核内容分两块：①任务绩效80％，其中包括交易量60％、收银差异20％、假钞20％；②工作态度20％，其中工作操作规范50％、顾客投诉30％、区域卫生20％。

相 关 拓 展

绩效工资考核办法，属于规章制度。规章制度是一个单位正常运转的基本保证，它是员工行动的准则和依据，对每一位员工具有指导性和约束力。

考勤制度

第一条 为维护正常的工作秩序,强化全体职工的纪律观念,结合公司实际情况,制订本制度。

第二条 公司的考勤管理由人力资源部负责实施。

第三条 各部门经理、主管对本部门人员的考勤工作负有监督的义务。

第四条 公司考勤实行打卡制度,员工上、下班均需打卡(共计每日2次)。员工应亲自打卡,不得帮助他人打卡和接受他人帮助打卡。

第五条 工作时间

1. 本企业全体员工每日工作时间一律以8小时为标准,一周为五个工作日(周一至周五)。

2. 上午上班时间为8时30分,下班时间为12时;下午上班时间为13时,下班时间为17时30分。

第六条 迟到、早退、旷工

1. 规定上班时间之后到达视为迟到;规定下班时间之前无故离岗视为早退。

2. 无故不来上班或迟到早退超过半小时视为旷工。

3. 遇到恶劣天气、交通事故等特殊情况,经公司领导批准可不视为迟到早退处理。

第七条 请假

1. 主管以下人员(含主管)请假1天的由部门经理批准,2天至3天的由分管领导批准,3天以上的由总裁批准;部门经理、总裁助理、副总裁请假由总裁批准。所有请假人员都须在人力资源部备案。

2. 员工因公外出不能按时打考勤卡,应及时在考勤卡上注明原因,并由部门经理签字确认。

第八条 病假

1. 员工本人确实因病,不能正常上班者,须经部门经理批准,报人力资源部备案,月累计超过2个工作日者,必须取得区级以上医院开具的病假证明。

2. 患病员工请假须由本人或由直系亲属于当日9点前向所在部门领导或公司主管领导请假,经批准后方可休假。

3. 员工必须在病愈上班2日内将病假条主动交给人力资源部核查存档。

第九条 事假

1. 员工因合理理由,并按规定时间申请,经公司领导批准的休假,称为事假。

2. 请事假的员工必须提前一天书面申请(如遇不可预测的紧急情况,必须由本人在早晨9点以前请示公司领导),如实说明原因,经部门领导报经公司领导同意后,方可休假,否则按旷工处理。

3. 事假按照日工资标准扣除。

4. 事假可以用加班加点时间调休,但必须经过公司领导的批准,经批准的调休事假可不扣发。

5. 员工在工作时间遇有紧急情况需要本人离开岗位处理的,也按上述有关规定执行。

第十条 年假

1. 员工在公司工作满1年,享受每年7天年假。工作每增加1年假期增加1日,但最长假期不超过14天。

2. 年假需一次休完,当年未休年假者不得累积到第二年。

第十一条 婚假

1. 员工请婚假时,必须由本人持法定的结婚证书填写婚假申请单,经部门经理批准,交人力资源部审核。

2. 婚假假期为3天,男方25周岁、女方23周岁为晚婚,晚婚假期共计10天。

第十二条 产假

1. 女员工正常生育时,给予90天(包括产前15天)产假,难产可增加15天。多胞胎多生一个婴儿增加15天,符合晚育年龄的增加30天产假。

2. 女员工怀孕3个月以内流产的给予20～30天妊娠假,怀孕3个月以上7个月以下流产的给予42天妊娠假,怀孕7个月以上流产的给予90天产假。

3. 女员工休假前需要有医院证明,经所在部门经理同意后,报人力资源部批准,方可休假。

4. 男员工产假的护理假为15天。

第十三条 丧假

员工直系亲属(祖父母、父母、公婆、岳父母、夫妻及满周岁的子女)死亡,可办理丧假,员工的父母或配偶去世,可休假5天;员工的子女以及在一起居住的祖父母、岳父母、公婆去世可休假2天。在外地的父母、配偶或子女去世,需员工本人去外地料理丧事的,可根据路程远近另给路程假。员工办理丧假需在假前写出申请,部门经理签字后,经人力资源部批准后,交考勤员考勤。

第十四条 加班与调休

1. 加班须经当班经理批准后实施并予以记录在案。

2. 加班按国家有关规定发放加班费或调休。

第十五条 本制度解释权归人力资源部。本制度自公布之日起执行

××公司

二○××年×月×日

写作指要

1. 规章制度是企业(或其他团体)为建立正常有序的工作秩序,经过一定程序制定的具有约束力的文书。规章制度是企业最重要的管理类文书之一。规章制度种类繁多,从企业角度,大致可以分为:人事管理类、生产管理类、销售经营类、财务管理类和后勤管理类。

2. 规章制度的名称也很多,有条例、章程、制度、规则、规定、守则、公约、须知、办法等,依据不同的情况采用不同的名称。在企业里,用得多的名称是"制度"和"规定"。

3. 制定规章制度的几项基本原则:①必须合法。不能有违反国家和地方法律、法规的内容。②符合程序。在企业内部制定规章制度通常有一个规定的程序。③注意配套。一个企业的规章制度应当是一个互相联系的体系。④保持稳定。规章制度可以修改,但切忌朝令夕改。

4. 写作规章制度。其结构多采用条文式,有的制度会在开头位置写一个前言,说明该制度制定的目的和依据;规章制度的内容应当尽量的全面,把各种可能遇到的情况都包含进去,前后的内容之间要有内在的逻辑联系;规章制度的语言要求规范严谨,不能口语化。

巩固练习

1. ××饭店为了强化文明单位的创建工作,进一步推动饭店精神文明建设活动的持续深入,争取早日跨入"上海市文明单位"行列。饭店打算制订文明职工考核办法,以营造人人争创文明职工的氛围。根据以上内容撰写一份文明职工考核办法。撰文必需的要素,凡所给材料未说明的,请自行酌情补上。

2. 根据规章制度的写作要求对以下材料进行整理、填补,为该单位拟定一份《物资出厂管理规定》。

①一切销售物资,如:产品、原材料、工具等物资,由归口管理部门开票,财务科办理收款手续,仓库凭票发货,门卫凭票放行。②来料加工或职工自带工具、物资,必须在进门时由门卫先行登记。加工完毕,出厂手续办妥后,须在出厂时由门卫注销。③全厂物资工作实行集中管理,分口负责。④凡违反规定者,不论情节轻重,都必须严肃处理。⑤物资出厂时间从上午9点到下午4点。特殊情况必须由主管部门负责人签字盖章,经查检后才能出厂。⑥对暂不能结算的外出物资和外借物资,必须由主管部门签字盖章,凭手续签单提货出门。⑦维修厂房用的木料、砖瓦、沙、灰、水泥等物资,由行政科主管人员审批,办理领料手续和出门凭证之后,仓库方能发料。

3. 第十六届上海国际汽车工业展览会(简称"2015上海国际汽车展")将于2015年4月22日至29日在国家会展中心举行。请代主办方拟写一份车展的《参观须知》。要求:展开合理的想象,组织相关写作材料,主题明确,内容较周全。

知 识 链 接

关 于 制 度

一、制度的种类

规章制度包括行政法规、章程、制度、公约四大类。不同的类别,反映不同的需要,适用于不同的范围,起着不同的作用。

1. 行政法规类

(1)条例。条例是具有法律性质的文件,是对有关法律、法令作辅助性、阐释性的说明和规定;是对国家或某一地区政治、经济、科技等领域的某些重大事项的管理和处置作出比较全面、系统的规定;是对某机关、组织的机构设置、组织办法、人员配备、任务职权、工作原则、工作秩序和法律责任作出规定或对某类专门人员的任务、职责、义务权利、奖惩作出系统的规定。它的制发者是国家最高权力机关、最高行政机关(国务院各部委和地方人民政府制定的规章不得称"条例")。例如:《失业保险条例》《中华人民共和国人民币管理条例》。

(2)规定。规定是为实施贯彻有关法律、法令和条例,根据其规定和授权,对有关工作或事项作出局部的具体的规定。规定是法律、政策、方针的具体化形式,是处理问题的法则。规定主要用于明确提出对国家或某一地区的政治经济和社会发展的某一方面或某些重大事故的管理或限制。规定重在强制约束性,它的制发者是国务院各部委、各级人民政府及所属机构。例如:《关于制止低价倾销工业品的不正当价格行为的规定》《关于出版物上数字用法的试行规定》。

(3)办法。办法是对有关法令、条例、规章提出具体可行的实施措施;是对国家或某一地区政治、经济和社会发展的有关工作、有关事项的具体办理、实施提出切实可行的措施。办法重在可操作性,它的制发者是国务院各部委、各级人民政府及所属机构。例如:《南方工业学校班主任工作考核办法》《广东省普及九年制义务教育实施办法》。

(4)细则。细则是为实施"条例""规定""办法"作详细、具体或补充的规定,对贯彻方针、政策起到具体说明和指导的作用。它的制发者是国务院各部委、各级人民政府及所属机关。例如:《〈对外汉语教师资格审定办法〉实施细则》《审批个人外汇申请施行细则》。

2. 章程类

章程是政府或社会团体用来说明该组织的宗旨、性质、组织原则、机构设置、职责范围等的纲领性文件,具有准则性与约束性的作用。它的制发者是政党或社会团体。例如:《中国共产党章程》《中国写作学会章程》。

3. 制度类

(1)制度。制度是有关单位和部门制订的要求所属人员共同遵守的准则,是机关单位对某项具体工作、具体事项制订的必须遵守的行为规范。它的制发者是机关团体、企事业单位及其部门。例如:《安全生产制度》《××地区环保局廉政制度》。

（2）规则。规则是机关单位为维护劳动纪律和公共利益而制定的要求大家遵守的关于工作原则、方法和手续等的条规。它的制发者是机关团体、企事业单位及其部门。例如:《全国安全生产委员会专家组工作规则》《南方工业学校图书馆借书规则》。

（3）规程。规程是生产单位或科研机构,为了保证质量,使工作、试验、生产按程序进行而制订的一些具体规定。它的制发者是机关团体、企事业单位及其部门。例如:《车间操作规程》《计算机操作规程》。

（4）守则。守则是机关团体、企事业单位要求其成员遵守的行为准则,它倡导有关人员遵守一定的行为、品德规范。它的制发者是机关团体、企事业单位及其部门。例如:《全国职工守则》《汽车驾驶员守则》《高等学校学生守则》。

（5）须知。须知是有关单位、部门为了维护正常秩序,搞好某项具体活动,完成某项工作而制订的具有指导性、规定性的守则。它的制发者是有关单位、部门。例如:《观众须知》《参加演讲赛须知》。

4. 公约类

公约是人民群众或社会团体经协商决议而制订出的共同遵守的准则。公约是人们为了维护公共秩序,经集体讨论,把约定要做到的事情或不应做的事情,应该宣传的事情或必须反对的事情明确写成条文,作为共同遵守的事项。它的制发者是人民群众、社会团体。例如:《居民文明公约》《北京市各界人民拥军优属公约》。

二、制度的力量

"二战"期间,美国空军降落伞的合格率为99.9%,这就意味着从概率上来说,每一千个跳伞的士兵中会有一个因为降落伞不合格而丧命。军方要求厂家必须让合格率达到100%才行。厂家负责人说他们竭尽全力了,99.9%已是极限,除非出现奇迹。军方（也有人说是巴顿将军）就改变了检查制度,每次交货前从降落伞中随机挑出几个,让厂家负责人亲自跳伞检测。从此,奇迹出现了,降落伞的合格率达到了100%。

还有个故事:某日本高级酒店检测客房抽水马桶是否清洁的标准是:由清洁工自己从马桶中舀一杯水喝一口。可以想象,这样的马桶会干净到什么程度。

一个好的制度可以使人的坏念头受到抑制,而坏的制度会让人的好愿望四处碰壁。建立起将结果和个人责任、利益联系到一起的制度,才能解决很多似乎无法解决的社会问题。

(http://www.doc88.com/p-5458062677177.html)

第十六章
电 子 邮 件

学 前 三 思

1. 电子邮件与传统纸质邮件比较,有哪些优势?
2. 你认为利用电子邮件投递的广告都是垃圾邮件吗,为什么?
3. 有了微信后,电子邮件的作用是否小了许多? 你认为微信能代替电子邮件吗?

情 景 勾 勒

小艾在公司办公和管理工作,用得最多的就是电子邮件了,通过互联网的优势,可以快捷地进行员工沟通、报表的报送等,及时掌握相关信息。

学 习 例 文

销售部各位同仁:

《绩效工资考核办法》已经发到各位的邮箱了,请大家于╳月╳日╳╳时前,将个人的意见和建议,以邮件的形式反馈给人力资源部的李╳╳。谢谢!

人力资源部

╳╳╳╳年╳月╳日

学 而 思 之

1. 从这封电子邮件中,你读到哪些信息?
2. 电子邮件和书信相比有哪些特点?

学 习 导 航

1. 电子邮件(Electronic mail),简称 E-mail,标志——@,也被大家昵称为"伊妹儿",又称电子信箱、电子邮政。它是一种用电子手段提供信息交换的通信方式。

2. 电子邮件的内容要求简洁、具体、就事论事,同时可发送相关附件。

3. 在发送电子邮件时,"主题栏"这一项必须填写,可以是文件的标题,也可以是相关提示语。

写 作 点 睛

电子邮件和一般书信的写作格式基本相同,都有称谓、问候语、正文、祝颂语、落款等。但是为了追求高效率,电子邮件写作时更为简洁,可以省略问候语、祝颂语等作为铺垫和渲染的语言。

电子邮件中如果要传递文件和相关资料,一般以"附件"的形式发送。

随 堂 练 笔

以销售部的名义发一份邮件,内容为:××产品价格变更,执行时间为×月×日×时起,并严格要求在此之前不得将价格公开,以及要求收到邮件后及时回复。

相 关 拓 展

在日常工作中,为了布置工作、沟通情况、传达会议精神,经常会用到"通知"。其中最常见的是"会议通知"。

会 议 通 知

兹定于×月×日×时在公司二楼会议室召开销售部全体人员会议,布置本月促销工作事宜,请按时出席。

销售部

×月×日

写 作 指 要

1. 会议通知是一种运用十分广泛的应用文,用于告知事项,在商务往来上也用得很多。

2. 会议通知五要素:人、时、地、事和要求。具体讲就是你通知谁、在什么时间、什么地点、做什么事、有什么要求。

3. 例文通知虽短,但五要素齐全。

巩 固 练 习

1. 春节将至,请你给公司客户发一封电子邮件,向他们表达节日问候。

2. 你所在的公司已经拟与一家外国公司签订一个购销合同。你公司对合同的某些条款有不同意见。请你发送一封电子邮件给对方,说明你公司就合同的某些条款的一些想法。

3. 请根据下面材料拟写会议通知,凡所给材料未说明的,请自行酌情补上。

(1) 王明是某股份有限公司的办公室主任,经常通过电子邮件向各个部门传达公司的规定或发布一些信息。今天,王明需要通过电子邮件给财务部发送一个关于年度预算的专题会议通知,同时把会议的议程以附件的形式一并发给财务部工作人员。

(2) 上海兴盛贸易有限公司企划部发出会议通知,要求参加上海自贸区外贸实地考察的同志,将于6月5日下午2点出席上海自贸区外贸考察交流座谈会,并要求与会人员提前准备好发言稿,按时出席,会议地点安排在在行政楼四楼第一会议室。该通知应于会议的前一周拟写好并发出。

知 识 链 接

一、电子邮件使用技巧

1. 快速查找邮件

要在一大堆信件中找到想要的内容并不轻松,"查找邮件"选择允许用户在多个文件夹中搜索邮件,以查找文件夹或子文件夹中的任何邮件。单击"编辑"菜单,选择"查找邮件",以下任何条件都可以为查找邮件的标准:谁发送的邮件、邮件的主题或标题、邮件中的文本等。

2. 用ISP电子信箱提高收信速度

免费电子邮箱深受网友们的欢迎,但是,免费邮箱往往访问起来速度很慢。用以下方法可解决此问题:首先进入您的免费电子邮箱,打开"邮箱配置"→"转发邮件"(绝大多数免费邮箱提供这一功能),将您的ISP提供的邮箱地址填入"转往邮箱地址"栏内,选择"转发邮件生效"即可。当然,应用此方法的前提是您还拥有一个访问速度较快的、由ISP提供的电子邮箱。

3. 自动添加邮件签名

在 Outlook Express5 中用以下方法可实现自动签名功能：

（1）启动 Outlook Express 后，选择"工具选项"命令。

（2）在"选项"对话框中，单击"签名"标签。

（3）在"签名"标签中，单击"在所有发出的邮件中添加该签名"前的方框，使之处于选中的状态，以便自动签名功能生效。

（4）在"签名"框中，新建一个签名名称，在下面文本框中键入你想添加的所有个人信息，如姓名、联系地址、电话等。

（5）若希望在回复和转发邮件时同样自动添加签名，则可以单击"不在回复和转发的邮件中添加签名"前的方框，使之处于不选中的状态。

（6）单击"确定"按钮，下次建立新邮件时就会在你的邮件中自动添加上签名了。当然，可以单击"高级"按钮，为你的每个账号设置一个漂亮的签名。

4. 用 ISP 邮箱提高发信速度

现在免费电子邮件大都支持 SMTP 和 POP3 协议，故在设置服务账号时"工具"→"选项"→"邮件服务器"中的"发送邮件服务器 SMTP"和"接收邮件服务器 POP3"均填相同的服务器，如海南建恒电子邮局都填"www. 88998. com"，但在使用中发现用此服务器发送邮件速度较慢。有没有捷径呢？经过试验发现，发送邮件的服务器不一定要和接收邮件服务器一致，它可以是任何一个连通的主机，但最好是与您相距最近的主机为最快。因此将账号上"发送邮件服务器 SMTP"由原来的"www. 88998. com"改为你的 ISP 提供的服务器将帮你很大的提高发送速度，且接收邮件人接收到的信箱还是免费信箱。

5. 拒收"垃圾邮件"

在"工具"菜单栏中选择"收件箱助理"，点击"添加"，该窗口分为上下两个部分，上面是"处理条件"，下面是"处理方法"。比如，经常收到发信地址为"qingzhu990. net"的垃圾邮件，如果想从今以后不再收到它，可以在"处理条件"栏目中选择"发件人"，并在其中填入上述地址；接着，在"处理方法"中选择"从服务器上删除"；点击"确定"后，可以看到在描述框内，出现了"如果发件人地址中包含'qingzhu990. net,则直接从服务器上删除"的描述，这就达到了目的。

6. 解决乱码的两种方法

使用电子邮件最大的烦恼莫过于收到乱码邮件了，这个问题对新手来说尤其严重。现在好了，在 Outlook Express 5 中提供了解决乱码的方法：一种方法是：首先选择乱码邮件，单击"查看"菜单指向"编码"命令中的"简体中文（GB 2312）"即可，也可指向"编码"命令中的"其他"，这里提供了"阿拉字符""波罗的海字符""中欧字符"等 19 种字符选择，你只需单击"简体中文（HZ）"即可。另一种方法是：首先选择乱码邮件，单击鼠标右键打开邮件快捷菜单，选择"属性"命令；然后在出现的对话框中单击"详细资料"标签，单击右下角的"邮件源文件……"按钮，这时就会打开邮件的源文件码，这样就可看到邮件的内容了。

7. 备份你的邮件

IE 的 Outlook Express 虽然能导出邮件，遗憾的是只能一封一封地导，要是几封信那还好,下面方法可实现,具体步骤如下:①打开 Outlook Express,进入要备份的信箱,如收件箱。②选择要备份的邮件。按住 shift 键,点击第一封和最后一封邮件,可全选;按住"Ctrl"键,点击所需邮件,可选择多个邮件。③用鼠标左键点击"转发邮件"。此时,你刚才所选的邮件被作为附件,夹在新邮件中。④在"新邮件"对话框中选择"文件"菜单中的"另存为(A)……"命令,然后为此邮件取个文件名即可。以上方法可以有选择地导出邮件。

(http://www.people.com.cn/GB/channel5/569/20000828/205698.html)

二、优衣库电子邮件营销案例分析

优衣库(Uniqlo)是日本零售业排名首位和世界服装零售业名列前茅的跨国服装品牌。截至 2009 年 6 月,优衣库在全球拥有近 850 家连锁门店。2002 年,优衣库进驻中国。2007 年,优衣库中国区销售额同比翻了一倍。2009 年,优衣库在中国的门店迅速扩展至 34 家。

随着国内网民规模急剧扩大,网络购物正逐步成为年轻一代的购物主流。为了加强对国内二三线城市的覆盖,2009 年 4 月 23 日,优衣库淘宝旗舰店正式上线。优衣库进驻淘宝网的当天,销售额即突破 30 万元;至 6 月底,优衣库的网络总销售额已达到 1 800 万元;11 月 2 日,优衣库的单日网络销售额更达到了惊人的 114 万元。短短的半年,优衣库迅速成为服装企业网络销售的领头羊。

在全球经济危机的浪潮中,消费环境萎靡不振,优衣库却独树一帜,网络销售额持续增长,除了其令人信服的品质和适宜的价格外,更是由于优衣库采用了高效的网络营销方式——EDM 营销。

EDM 营销,即电子邮件营销,是一种精准高效、低成本的市场推广手段,是互联网最重要的营销方式之一。据官方统计:美国已有 75.8% 的商家在使用 EDM 推广自己的产品和服务,而中国电子邮箱的用户已达 1.72 亿。电子邮件营销最大的优势在于:有助于刺激无明确需求的消费,且较搜索引擎和在线广告而言成本更低,目标更精准。

2009 年,优衣库将在中国的市场推广工作全面委托给大宇宙咨询(上海)有限公司。大宇宙经过专业的分析和比较后,选择了上海亿业网络科技发展有限公司为优衣库量身订制电子邮件营销的解决方案,将电子邮件打造成优衣库重要的营销渠道。上海亿业网络科技发展有限公司 2004 年正式成立于美国加州,是目前中国领先的许可邮件营销服务提供商。

通过发送电子邮件邀请函,将对优衣库感兴趣的淘宝会员,转化为优衣库的活跃用户。定期向新老会员发送电邮杂志,开展 EDM 营销,定期向客户推荐新产品,提高客户的品牌忠诚度。经过半年的 EDM 运营,优衣库的活跃用户增长了近 70%,电子邮件营销渠道产生了约 20% 的销售额,电子邮件已成为优衣库重要的网络营销渠道。

今后,将会有更多的企业采用电子邮件开展产品的网络推广和客户的维护服务,精准的 EDM 营销是互联网时代的制胜利器。

(http://b2b.toocle.com/detail—4973356.html)

模块五 自主创业

第十七章

可行性研究报告

学前三思

1. 你知道什么是"跨国公司"吗？请说明。
2. 对于"中国(上海)自由贸易试验区"(简称上海自贸区)，你了解多少呢？
3. 你怎么看待专业和就业的关系？

情景勾勒

　　小艾在这几年的工作阅历中积累了丰富的经验，他对汽车行业的发展前景也非常看好。于是他决定辞去南海××汽车 4S 店的工作，自主创业。经过市场调研分析和可行性研究，他决定在上海开一家汽车美容店。

学习例文

可行性研究报告

一、市场分析

　　随着我国汽车工业的迅速发展和人们生活水平的提高，家庭轿车拥有量越来越多，汽车美容业的市场容量也将进一步地扩大。未来 3～5 年间，我国汽车保有量将成倍增长，曾作为身份地位象征的汽车将回归其代步工具的基本功能，汽车在中国必将成为大众消费品，汽车美容服务也会成为一种日常消费。

　　"三分修，七分养""以养代修"的爱车养护观念也已经深入人心。而有车一族都面临着一个共同的问题，就是"买车容易养车难"。车型越来越新，性能越来越好，车主也就更加关心如何养护好自己的爱车。有需求必然就会有市场，客户的需求给了企业巨大的发展动力。

　　1. **市场规模**

　　截至 2014 年年底，小客车拥有量 219 万辆，再加上 100 万辆常住上海的外牌车。

（续）

如果每辆汽车每周清洗一次,平均每次收费 20 元,每年就可创造超过 33 亿元的产值。再加上汽车美容、维修等业务,其产值将难以计数。因此对于上海而言,目前的 500 多家汽车美容店显然难以满足市场需求。

2. 市场现状

在过去的几年里,虽然汽车美容业已逐步发展为以连锁加盟的业态为主,但大多数加盟店尚处于良莠不齐的状态,其比较突出的情况是项目同质化,缺乏创新,管理水平及人员素质不高,科技含量较低。今天,汽车消费市场正在朝着个性化的方向发展,相应的服务需求也已经发生变化。因此,工厂化连锁经营已经不能完全适应新的形势,这也给个性化的汽车美容带来机遇和很大的市场空间。

3. 市场特点

中国汽车美容业处于初级发展阶段,其特点和国外的汽车美容行业不同。目前我国汽车美容重点可以分为车身美容、引擎外部美容和车内美容三个部分。据资料显示,在欧美国家,人们对车一般是进行改装而不是装饰,而我国的居民对自己的车辆多为装饰和养护。目前虽然装饰市场报价兴旺,但从长远来看,养护市场应该是一块更大的蛋糕。为私人爱车提供价廉物美并专业的养护,应当是汽车美容养护业提供的主要服务内容。

4. 发展趋势

(1) 车主对汽车服务的个性化、规范化的要求越来越高。汽车美容与服装类似,除了使用功能之外,还具备审美、张扬个性的特性,对汽车美容养护专业人士的文化底蕴、审美观念乃至国际视野都提出了一定的要求。

(2) 竞争日趋激烈。由于进入门槛相对较低,行业标准尚不健全,所以近一两年进入行业者趋多。

(3) 改装业务由于受到相关法规的限制,目前还看不到很大的空间。现在所谓的改装业务实际上是内饰装潢业务。

二、投资方案

1. 资金需求分析

庞大的市场需求为上海的汽车美容店提供了较大的获利空间。开一家中档的汽车美容店投资大概在 40 万元左右。

项目	租房(3个月)	门面改造	设备购置	流动资金
预算	5 万元	10 万元	15 万元	10 万元

一般 3 年左右就可收回投资。经营得好的汽车美容店甚至 2 年左右便可收回成本。打蜡一次,收费在 60 元左右;整车保养则根据不同车型收费有高有低,国产经济型轿车大约在 400～1 000 元,进口高档车在 2 000 元以上。一般情况下,一辆车每个月要做一次漆面护理,每跑 7 500～15 000 公里要做一次保养。这样算下来,汽车美容店的收益相当可观。而实际上,汽车美容店的收入远不止这两项,其他诸如汽车装潢、汽车音响等服务项目也都有相当大的利润空间。

2．选址分析

（1）中环附近是上海住宅小区最集中的区域。专业的汽车美容作为服务行业有它的自身规律和特点，在选址上首先要考虑到我们提供服务所面对的消费群体和服务区域的汽车保有量，还要考虑到服务区域的消费习惯和消费水平以及租金成本。从这几个方面综合考虑，中环线两边是首选。

（2）上海东北的五角场周边以及上海西南的漕河泾地区是进出上海市区的两个门户，是上海的城市副中心，归纳起来有这样几点优势：交通便利、车流量大、商业和人口密集区、消费水平比较高。

（3）上述地区房租水平基本在承受范围内，视具体情况约在 16 万～18 万元。

3．经营场所分析

专业汽车美容店通常由操作间（含洗车区和美容区）、办公室、商品陈列室、接待室、烤漆房等五个部分组成。这五个部分构成一个整体。

（1）经营场所通常在路边，方便车辆进出。

（2）操作间是美容店的主要部分。应当可以同时容纳 2 辆轿车同时操作。场所面积应当大于等于 30 平方米。

（3）办公室、接待室与商品陈列室可以合并，大小因地制宜。也可在一间较大空间内划分不同功能区。

三、营销分析

1．市场定位

影响一个公司经营成功的因素固然很多，最关键的因素就是市场的定位。因此，我们应从实际出发，选择多个细分市场作为企业的可争夺市场，尽可能地满足几个消费群体的需求，形成自己的特色，这样才能在买方市场中有竞争力，才能生存和发展。这个特色既要包含产品特色、服务的特色，也包含店面环境氛围的特色。目前上海市场汽车美容行业大致上处于两头大中间小的状态，一头是大批以洗车为主的路边店，一头是附属于 4S 店的美容服务，前者的数量当然比后者大许多，而当中的专业的汽车美容店，数量偏少。所以，我们的市场定位应该是以"专业品牌"为主体，"专业机械设备"为界面，由受过"专业正规培训"的人员实施操作，最终达成具有完整"服务质量保证"体系的专业化服务。

2．消费对象

我们的消费对象是具有一定消费能力的中产阶层。我们不可能去与街边洗车铺进行价格竞争，我们希望有比较固定的消费群体与客户，他们是：公务员、白领、企业主与中高层管理人员、教师等。

3．营销模式

基于我们的消费对象，我们的营销模式拟逐步采用会员制的形式。会员制的真谛在于让顾客在此能持续获得合格、优质、满意的服务，节省双方寻找基本服务水准的时间成本。考虑到一次充值多次消费会员卡模式现在普遍受到质疑，我们采用纯粹自愿

（续）

的方式,无需充值,只要持卡,即可享受规范的服务和会员优惠权利。

4. 内部规划

我们将本专业汽车美容店划分成洗车区、美容区、精品屋、休息室、烤漆房等五个部分。洗车场是汽车美容店的主要设施,汽车的美容工作都在此区域完成。由于汽车美容产生的污水较多,为了保持场所的干净整洁,应在此处设置地下排水通道,将污水迅速排到污水处理器中,同时还应经常冲洗、清扫。

贵宾休息室是供前来洗车的车主休息使用的。由于汽车价格昂贵,车主往往不愿汽车在清洗时离开自己的视线。因此,休息室与洗车场之间应用玻璃墙隔开,这样,既能让车主放心,又能增加操作的透明度,让车主了解自己的汽车是怎样由脏污变干净的。施工场地要符合城市卫生标准(清洁、整齐、美观);洗车用品应采用正规厂家生产的、合格的环保型产品;水、电管路应离地面1米以上,以确保安全。

5. 宣传方式

考虑到创业初期我们的服务对象以周边小区的居民为主,因此宣传活动一是采用宣传单的形式在周边地区发放;二是采用开业打折优惠活动聚集人气。

四、效益预测

1. 月度基本支出

单位:元

房租	工资	水电费	宣传费	税金	设备折旧	合计
15 000	15 000	1 000	500	1 200	1 500	34 200

2. 营业初期(前3月)月度收入预测

按平均每天洗车20车次,打蜡5车次;漆面保养每周3车次;汽车装潢每周1车次;整车保养每周1车次计算,见下表。

单位:元

项目 次数	洗车	漆面保养	汽车装潢	整车保养	合计
	20 000	6 000	10 000	5 000	41 000

3. 正常营业月度收入预测

在初期预测基础上有50%的提升,即可做到略有盈余。预计3年内可以收回投资。

4. 风险预测

(1) 经营场所动拆迁的风险。对此可能风险,在承租前必须有足够的了解和评估,避免受到不必要的损失。

(2) 水电涨价的风险。一直以来,水电价格一直呈上涨趋势,但一般来讲,涨价幅度比较平缓,不会对经营产生大的影响,采用节水节能设备和措施是企业长远发展的生存之道,我们要高度重视这个问题。

学 而 思 之

1. 你从上面例文中读到了哪些信息？请概要复述。

2. 从上面的《可行性研究报告》中分析小艾开设汽车美容店是否可行？请简要阐明原因。

学 习 导 航

1. 可行性研究报告是针对准备开发的新项目,分析其必要性、可能性、客观条件与未来前景的书面报告。

项目可行性研究报告的编制是确定建设项目前具有决定性意义的工作,是在投资决策之前,对拟建项目有关的自然、社会、经济、技术等进行调研、分析比较以及预测建成后的社会经济效益,在此基础上,综合论证项目建设的必要性,财务的盈利性,经济上的合理性,技术上的先进性和适应性以及建设条件的可能性和可行性,从而为投资决策提供科学依据。

2. 可行性研究报告是以市场供需为立足点,以资金和技术能力为限度,重点对四个方面的问题进行评价:一是市场是否有需求;二是项目在技术上能否实施;三是资金投入是否可靠;四是能否取得较好的效益。

写 作 点 睛

可行性研究报告的写作,其主体内容包括:对项目基本情况的调研分析(市场的可行性、技术的可行性、财务的可行性、组织的可行性、社会可行性、风险控制的可行性)、对经济和社会效益的分析和结论三部分。

随 堂 练 笔

如果你想开一家奶茶店,自己到网上去搜索一份相关的可行性研究报告,阅读并基本掌握其写作要领,借此评估一下自己是否有能力实现这个愿望。

相 关 拓 展

可行性研究报告中极其重要的当属财务分析,它是对项目的经济效益和社会效益等方面进行评估,对项目的决策会产生直接影响。

作为一个正常运作的公司,也要定期进行财务分析,了解公司的财务状况,对公司的偿还能力、资本结构是否合理、流动资金充足性等作出判断,以保证公司健康稳定地发展。

财务分析报告(纲要)

一、利润分析

(一)公司利润额增减变动分析

(二)各生产分部利润分析

二、收入分析

(一)销售收入结构分析

(二)销售收入的销售数量与销售价格分析

(三)销售收入的赊销情况分析

三、成本费用分析

(一)产品销售成本分析

(二)各项费用完成情况分析

四、现金流量表分析

(一)现金流量表增减变动分析

(二)现金流量分析

五、有关财务指标分析

(一)获利能力分析

(二)短期偿债能力分析

(三)长期偿债能力分析

六、存在问题及分析

(一)销售成本的增长率大于产品销售收入的增长率

(二)借款增加,获利能力降低,偿债风险加大

七、意见和改进措施

写作指要

1. 财务分析是一项难度较大的工作,它涉及面广、不确定性大、需要的知识多,如会计、财务、经济学、战略管理、证券市场、法律等。

2. 可行性研究报告中的财务分析,侧重于项目投资现金流量的预测、投资方案财务的评价、融资方案财务的评价等方面。

3. 公司财务分析报告的内容一般由五个步骤组成:概括公司综合情况,介绍公司运营及财务现状,分析研究公司的经营情况,对各方情况作出客观公正的评价和预测,给出意见和改进措施。

巩固练习

1. 阅读分析下表中的数据，根据要求进行写作。

资　产		负债和所有者权益	
项目	金额	项目	金额
流动资产	201 970	流动负债	97 925
其中:速动资产	68 700	长期负债	80 000
固定资产净值	237 000	负债合计	177 925
无形资产	138 955	所有者权益	400 000
总计	577 925	总计	755 850

要求:结合财务分析报告的相关知识，对上表中的数据进行分析，得出结论。分析原因时注意项目间的关系。将分析结果用文字表达出来。内容要有条理，语言要准确。

2. 可信物业管理公司负责管理的某高档住宅小区需要增建一处露天的健身活动场所，业主委员会委托可信物业管理公司进行可行性研究。请写出一份建设该健身活动场所的纲要性可行性研究报告。

3. 根据下列材料内容，拟写一份可行性研究报告，撰写时请注意校园市场的特殊性。

材料一:××学校"国际商务"专业143班××同学的母亲不幸患上了尿毒症，急需30万元的医疗费。

材料二:该同学父亲是某公司保安，收入微薄，家庭条件极其困窘，校学生科倡议全校师生伸出援助之手，大家纷纷解囊，现已收到捐款8万元人民币。

材料三:校学生会还想组织一次义卖活动，准备筹款2万元，连同全校师生捐款8万元(共计10万元)帮助该同学患病的母亲。但义卖前景如何并无把握，需要对此次义卖做一个可行性研究分析。

知识链接

一、撰写财务分析报告应做好的几项工作

1. 积累素材，为撰写报告做好准备

(1) 建立台账和数据库。通过会计核算形成会计凭证、会计账簿和会计报表。但是编写财务分析报告仅靠这些凭证、账簿、报表的数据往往是不够的。比如，在分析经营费用与营业收入的比率增长原因时，往往需要分析不同区域、不同商品、不同责任人实现的收入与费用的关系，但这些数据不能从账簿中直接得到。这就要求分析人员平时就做大

量的数据统计工作,对分析的项目按性质、用途、类别、区域、责任人,按月度、季度、年度进行统计,建立台账,以便在编写财务分析报告时有据可查。

(2) 关注重要事项。财务人员对经营运行、财务状况中的重大变动事项要勤于做笔录,记载事项发生的时间、计划、预算、责任人及发生变化的影响因素。必要时马上作出分析判断,并将各部门的各类文件归类归档。

(3) 关注经营运行。财务人员应尽可能争取多参加相关会议,了解生产、质量、市场、行政、投资、融资等各类情况。参加会议,听取各方面意见,有利于财务分析和评价。

(4) 定期收集报表。财务人员除收集会计核算方面的有关数据之外,还应要求公司各相关部门(生产、采购、市场等)及时提交可利用的其他报表,对这些报表要认真审阅、及时发现问题、总结问题,养成多思考、多研究的习惯。

(5) 岗位分析。大多数企业财务分析工作往往由财务经理来完成,但报告素材要靠每个岗位的财务人员提供。因此,应要求所有财务人员对本职工作养成分析的习惯,这样既可以提升个人素质,也有利于各岗位之间相互借鉴经验。只有每一岗位都发现问题、分析问题,才能编写出内容全面的、有深度的财务分析报告。

2. 建立财务分析报告指引

财务分析报告尽管没有固定格式,表现手法也不一致,但并非无规律可循。如果建立分析工作指引,将常规分析项目文字化、规范化、制度化,建立诸如现金流量、销售回款、生产成本、采购成本变动等一系列的分析说明指引,就可以达到事半功倍的效果。

(http://tieba.baidu.com/p/1598331486)

二、未来十大最热门创业项目

(1) 营养配餐工作室。小到一日三餐的搭配,大到个人理财、甚至人生规划,要想少走弯路、少花冤枉钱,还真离不开专业人士的指导,于是,营养配餐工作室应运而生,成为最具潜力的创业项目之一。

(2) 景观设计工作室。"城市,让生活更美好",这不仅是 2010 年上海世博会的主题,更是城市的发展趋势。中国城市化的进程越来越快,"关注人居环境,强调人与自然和谐共处"的生活理念,使得景观设计成为城市建设的重要内容。特别是近年来房地产的持续升温,使景观设计人员需求量大增。

(3) 高级会展设计工作室。近年来,中国会展业发展迅猛,会展类公司数不胜数,从业者队伍日趋庞大。然而,高端会展设计工作室依然缺乏。因为这不仅需要会展从业者有室内设计相关专业知识,还需熟悉会展的基本流程,能独立完成设计,了解基本设计施工方法,具备团队合作的精神。

(4) 彩铃设计工作室。你可曾遇到过拨通朋友手机时,听不到单调的嘟嘟声,而是各种各样千奇百怪的声音?这些优美的音乐或搞笑的对白,就是彩铃,出自彩铃设计师之手。目前彩铃设计行业还是以兼职为主,随着越来越多的人使用彩铃业务,有音乐天赋的青年不妨开个彩铃设计工作室。

（5）汽车美容店。正当有车一族陶醉在自驾出行的兴奋中时,汽车美容行业悄然兴起。汽车保养理念的传播,让车主心甘情愿地掏出皮夹,扮靓自己的爱车。据专家估算,一部价值 10 万元的车每年行驶 2 万～3 万公里,1 年的养护费就达到 4 000 元以上。而且汽车越高档,养护费越高。然而,汽车美容从业者面临着师傅口手相传、自身文化水平低下等问题。而那些拥有高素质员工,与客户沟通良好,能分析客户心理,做出相应方案的复合型汽车美容店,这些店的生意将越做越大。

（6）真钱游戏动画设计。网络的普及,给网络真钱游戏和动画制作带来巨大的发展空间。但据专家测算,国内专业真钱游戏动画工程师不过 8 000 人,与市场的旺盛需求相比,至少有 15 万人的缺口。不过开家真钱游戏动画设计公司不仅需要足够的专业人员,更需要一定的投资资金。

（7）房地产估价咨询公司。买房、卖房、换房、租房……房产是人们生活必不可少的商品,而且投资价值日益凸显。不论是自住还是投资,都需要考虑价格、区位地段、户型设计、房屋质量、开发商信誉、交通购物等诸多因素。二手房大量上市后,虽然房产的地理位置一直没变,然而区域定位、城市规划、周边环境可能早已不同,因此更需专业评定。普通消费者处于信息不对等地位,想寻找超值房产,只能求助房地产估价咨询公司。

（8）特许金融分析师(CFA)工作室。金融分析师是受过专业训练、具有深厚金融理论素养的高级人才。未来两年,上海对 CFA 的需求是 3 000 人,但目前 CFA 的数量仅几十人。一旦获得 CFA 资格证书,既可开家金融分析工作室,也能得到银行、保险公司、证券公司等金融机构的青睐。

（9）财务策划(理财规划)咨询公司。你会理财吗? 据一家专业网站调查,78％的被调查者需要专家顾问的理财意见,25％愿意委托理财,50％以上愿意支付顾问费。可见,收入多了,自然要理财、要投资,于是,人们对理财规划的需求日趋旺盛。据香港高级财务策划师介绍,现在香港私人财务咨询公司已有 3 000 多家,以个人理财咨询服务为主营业务。据预测,2008 年个人财务咨询公司将在内地蓬勃发展,那些取得资格认证的注册财务策划师一旦组建成咨询公司,其前景令人瞩目。

（10）职业顾问工作室。如何经营人生,如何从容面对职场挑战,永远是毕业生进入职场前最关心的话题。并不是要跳槽时才想起职业顾问,职业顾问可以对整个职场生涯进行规划。通过专业测评工具和面对面的沟通,职业顾问可帮助求职者认清他们最适合干什么,进而找准定位,作出选择。越来越多的人开始重视职业规划,而且都希望得到指导,因此职业顾问的身价不断攀升。该行业门槛较高,必须具备相关专业背景、了解各行各业人才需求状况,今后职业分工越来越细化,职业顾问还会更吃香。

（http://info. biz. hc360. com/2011/11/230830182652. shtml）

三、创业成功的八种因素

企业的兴衰成败,在很大程度上决定于创业者的个人素质。

（1）宏观意识。三百六十行，行行有自己的门道。培养宏观意识有利于抓住好机会、避开危险。最终能够成功的人是具有宏观意识，能够把握住机会的人。

（2）理性思维。创业是一步一步做大的。作为创业者，应当志存高远，但是同时也需要有脚踏实地的实干精神，按照市场规律办事，从小处做起。

（3）风险意识。创业不是靠运气，而是靠胆识和谋略，是一种理性的风险投资。它集融资与投资为一体，因此必须要有一定的风险意识以及防范风险的意识。基于经验、知识、信息对投入与产出的影响，判断一定要准确、合理，考虑自己的能力及风险承受能力。时刻注意环境的变化，把风险控制在最小的程度。

（4）人格吸引力。作为创业者，企业规模小的时候实行"人管人"；企业到了一定规模，创业者必须建立规矩和标准，实行"制度管人"。创业者必须以人为本，学会管人、育人、用人、激励人，尊重人才，用好人才。创业者必须遵守诺言，讲信誉。信誉是金字招牌，忌信口开河，承诺廉价。自己做错了事情要勇于承认错误，同时要做规章制度的模范执行者。

（5）自我否定。无疑，经验是一种宝贵的财富，背叛自己的经验，善于倾听属下的建议很难，但是对于创业者来说却是非常重要的。拒绝否定自我是创业过程中最大的敌人，也是许多创业者最容易犯的错误。

（6）运筹能力。企业规模小时，创业者需要务实，做大了适当务虚。创业者必须能妥善分配企业的资源，调整企业的方向，断不可"摸着石头过河"，应该追求运筹帷幄，决胜千里。慎重地对待每一次决策，时刻警惕市场上的点滴变化。

（7）协作精神。创业者普遍存在着难以与别人合作的倾向，许多合作不欢而散，原因为：一是个人过于主观，怕被别人轻视；二是利益上的冲突难以协调。但是对于企业来讲，协作是非常重要的，在许多情况下，把人员组织好，就可以作出很好的业绩来。

（8）个人魅力。个人魅力对于创业者来说，第一是讲信誉，所谓"言必信，行必果"；第二是诚实，切合实际制订方案；第三是胸襟广阔，厚人薄己，勇于承担责任；第四是要懂得一些必要的专业知识。

（http：//finance．eastday．com/eastday/finance/tzlc/lcdp/userobject1ai430192．html）

第十八章

公司简介

学前三思

1. 什么是企业文化？它对企业的发展有什么作用呢？
2. 什么是企业危机公关？
3. 上海市政府鼓励学生创业有哪些优惠政策？

情景勾勒

小艾为了宣传自己的汽车美容店，扩大它的知名度，准备在报纸上刊登广告，于是他为自己的公司拟写了一份简介。

学习例文

公司简介

上海××汽车美容店于20××年×月×日开始营业，是一家汽车专业美容服务机构。本店以提供专业的汽车美容服务为主体业务，以"让车更漂亮，让有车生活更舒适"为公司经营目标。创办1年多来，一直致力于汽车美容行业中高科技产品与汽车美容技术的引进、开发和经营，主营汽车漆面美容、汽车内室清洗、汽车挡风玻璃美容、轮胎轮毂美容养护等多项业务。

作为一个专业从事汽车美容服务行业的机构，本店拥有专业的技术施工队伍，所有技师均经过日本汽车美容专家的培训。本店规范的管理以及不断创新的汽车美容技术，代表着汽车美容行业的最高水平。"让车更漂亮，让有车生活更舒适"，这是我们永无止境的目标。

总经理艾××携全体员工热忱欢迎您的光临！

公司地址：×××××××××

公司电话：×××××××

学 而 思 之

1. 上面的《公司简介》介绍了公司哪些信息？请概要复述。
2. 如果把标题《公司简介》换成《上海××汽车美容店》可以吗？

学 习 导 航

1. 公司简介是为扩大组织或产品的知名度，在社会上树立组织或产品的良好形象，广泛地对社会进行宣传而使用的文书。

2. 公司简介的主要内容包括公司名称、服务内容、经营产品、发展历史、经营规模、员工人数、企业文化、发展目标等。

3. 公司简介的内容表述既要实事求是，又是充满希望的。写作时既要突出重点，又要有自己的个性。

写 作 点 睛

公司简介的写作内容主要包括：公司的基本情况（注册资金、公司性质、员工人数等）、发展历史、主营项目、企业文化和发展目标等。写作时根据公司的特色，突出介绍公司的"强项"，这样能够给读者留下更为深刻的印象。

随 堂 练 笔

请你根据下面材料并合理想象，拟写一份公司简介。

××空调设备有限公司主要从事各类中央空调的安装、调试及设备保养等服务，同时代理销售格力、海尔、日立、大金等品牌的空调。该公司成立 12 年来，以真诚为顾客服务为宗旨，在社会上有较好的口碑。

相 关 拓 展

如果自主创业的话，开网站是一个不错的选择。请学习下面各具特色、充满情趣的网店文案。

1. 网上购物，不仅怕买到假货、劣货，也担心或买错了，或尺码不对，或买来了才发现不喜欢，为了打消消费者的疑虑，我们常常在网店里看见这样的告示语：

> 收到宝贝不喜欢肿么办？老妈不喜欢，闺蜜不喜欢，姐妹不喜欢，同事不喜欢，退！退！退！7 天无理由退换货！让亲们购物无忧。

2. 网上看中一样商品,往往会犹豫不决,到底质量如何,为什么这么便宜? 于是我们看到了下面的告知:

> 致亲爱的上帝买家们:
>
> 每个买家在买之前都担心的问我,质量怎么样,为什么卖这么便宜? 质量有保证的吗?
>
> 我只能说您花这个价格买到我们这个宝贝是值得的,虽说和专柜几千元的鞋没法比,但是和同等价格的宝贝比起来是物超所值的,性价比也是很高的!
>
> 我们是真心想做到让每一位亲都满意,想让消费者了解我们的宗旨,想让亲们花最少的钱买到物美价廉的好东西!
>
> 每个人的期望值不同,对鞋子的要求也是不同的。如果您对鞋子的质量要求比较高,几乎接近于专柜鞋子的质量以及三包政策,那么请您选择本店真皮系列的款式。一样款式的鞋子使用的材料不一样,价格自然就不一样的。
>
> 在此承诺本店的鞋子均是厂价直销! 质量保证,支持 7 天无理由退换货!
>
> 我们已经做到了最低价乃至亏本价!
>
> 如果质量比同价位的同款产品质量差,我们以一赔十!

3. 许多商家还特意把买家评价表截屏到商品介绍栏里,并用大号红色字体写上下面的文字,来解除消费者的购买疑虑:

> 金杯银杯不如买家的口碑,大家说好才是真好!

4. 打动消费者,价格是一种诱惑。网上开店,一般以实价居多。消费者的选择非常多,所以价格竞争十分激烈。比如我们常常看到这样的宣传语:

> 为庆祝本店黑卡相机 RX1 全网销量第一,新到 RX1 全新 20 台,老板放狠话:全部以最低批发价格出售,卖完就涨回原来价格,而且再免费赠送使用手册一本。机会只有一次,该出手时就出手! 诱惑有木有! 有木有!

> 亲:错过了聚划算活动?
>
> 难道您还要错过这?
>
> 天天特价 49 元包邮! 最后一天啦!

5. 拉近消费者,用情感诱惑。人是感情动物,网下网上一样。一个好的生意人肯定是一个善于与消费者拉近关系的人：

> 原汁原味实拍图，用心做产品，用心做服务，××数码渴望您的支持！如果有哪些不足的地方或细节，期待您的指出。真心服务至上，一单子买卖，一辈子朋友！

6. 一个好的生意人肯定善于站在消费者的立场看问题，多方位替消费者着想：

> 今年过年不送礼，送礼就送时尚表！
>
> 送父母：小时候，父母最盼望的是我们能健康的成长；长大了，父母健康的笑容成为我们心中最大的期盼。
>
> 送老公：老公在外辛苦工作，你是否心疼，是否担心？
>
> 送老婆：老婆整日忙里忙外，你可曾关怀，可曾忧心？
>
> 送自己：要生活，而不只是生存，常常犒劳下辛苦的自己，享受品牌生活……
>
> 送男友：给亲爱的他一份特别的礼物，见证着你们每分每秒幸福的时刻。
>
> 送女友：告诉你心爱的她，你要陪她走过分分秒秒，相依相伴到永远。
>
> 送朋友：在你走向黑暗的时候，朋友为你点亮明灯。在你处于困难时期，朋友不离不弃。
>
> 送礼送手表吗？有木有啊！

7. 多彩的个性化宣传，可以触动消费者。网店对产品本身的宣传，常常是绞尽脑汁，不惜使用各类绚丽的词语，创造个性化的特色。下面是两则宣传：

> 悦然灵动
>
> 炫彩多能，卓尔不凡
>
> 聚碳酸酯耐磨材质
>
> 一体式圆角设计
>
> 4.3 英寸 Clear Black OLED 主流大屏
>
> 色彩缤纷　潮流随心
>
> 极致美学
>
> 绚丽多彩，设计时尚
>
> 聚碳酸酯抗划耐磨材质
>
> 一体化纤薄机身设计
>
> 优雅弧面触摸屏，内容就像浮在屏幕上
>
> 绚丽多彩靓丽的色彩和设计让您瞬间脱颖而出

"掌柜疯狂推荐！洗澡的时候美女们顺便用搓脚板修一下脚脚哈,然后均匀地抹上脚跟膏,再套上棉袜,一小时后脱下棉袜,脚脚就会变得晶莹晶莹的,非常的美,美不胜收哦。原来脚脚也可以这么性感哦。也可以送给家中的老人,哈哈。好DD,推荐推荐……超多好评,不推不行!"

写作指要

从上面的网店文案中,我们可以发现以下特点:

1. 亲切友好。几乎所有的网店文案都具有这个特点,这就好比实体商店的服务员用亲切友好的笑容迎接顾客一样。上面列举的七段例文都具有这样的特点。

2. 尽量用短句子,比较口语化。充满长句子的文案,让人读着非常累。上述七段例文,极少有长句子。用户扫一眼,就能明白你想表述的基本要点。

3. 不太讲究语言规范。网店文案常常使用一些不规范的网络语言,如"亲""肿么办""有木有"等。这类网络语确实不规范,但它也显示了网络语言的活泼,读来显得亲近、幽默。

4. 网店文案写作要领:①有明确的销售对象;②有独到的创意;③抓住卖点。

巩固练习

1. 最好的文案让人看后,不是夸文案写得好,而是想行动。现在很多人认同"世界那么大,我想去看看",请为某旅行社做一个吸引眼球的网站文案。

2. 根据下列材料,合理地给出该公司的简介纲目。

材料一:某股权投资基金管理有限公司,成立于20××年8月,是专注中国企业股权投资和管理业务的公司。目前管理着5个人民币基金,现管理资产规模超过15亿元。

材料二:"守正出奇,取精用弘"是公司的核心价值观,公司投资机制科学,管理模式完善,可保证出资人、被投企业和管理团队多方共赢。

材料三:公司的投资理念是,发现价值、培育价值、创造价值。公司重点关注的产业领域是,新能源、新材料、节能环保信息等。

材料四:在私募股权投资领域中成为受人尊敬的中国品牌是公司的愿景。公司崇尚海的文化,有着海的气度、海的意志、海的智慧。

材料五:公司的长处是"资源＋资本"的增值服务,公司的团队有很多人才,有很多成功的案例。

3. 学生分为四人小组,利用课余时间走访所选公司,深入细致了解公司各方面情况,做到准备充分,分工合理,最后汇总材料,共同完成"公司简介",并在班级作交流展示。

知识链接

一、经典的企业文化标语

1. 优质建设,以质为根。
2. 自我提升、良性竞争,相互欣赏、相互支持。
3. 心态正,事业成,不成也成。
4. 事不三思总有败,人能百忍自无忧。
5. 得意时应善待他人,失意时你会需要他们。
6. 保持环境清洁,做个可爱的人。
7. 爱护公物,珍惜资源,勤俭节约,共同发展。
8. 生活因拼搏而存在,拼搏因生活而永恒。
9. 为自己养成一个好习惯,给别人留下一个好印象。
10. 遵守厂规厂纪,争当优秀员工。
11. 合格的员工从严格遵守开始。

(http://www.qncye.com/2010/0423/50446.html)

二、世界著名广告词

1. 滴滴香浓,意犹未尽。(麦斯威尔咖啡)
2. 我们领先,他人仿效。(理光复印机)
3. 使不可能变为可能。(佳能打印机)
4. 动态的诗,向我舞近。(丰田汽车)
5. 我们集大成,您超越自我。(三菱电工)
6. 临风韵之境——万宝路世界。(万宝路香烟)
7. 只溶在口,不溶在手。(M&M 巧克力)
8. 成功之路,从头开始。(飘柔)
9. 四大皆空:无色、无味、无菌、无尘。(台湾三味矿泉水)

(http://www.renren.com/)

三、李嘉诚 10 句赚钱金玉良言

1. 克勤克俭,不求奢华

李嘉诚儿时是多苦多难的,也正因为此,才让他养成了一种别人所不能有的品格。一点不过分地说,正是这种品格促成了他今天的成就,也正是这种成就、这种品格让他在

儿子们面前变得伟大,而"克勤克俭,不求奢华"这八个字也成为他对儿子们最深切感怀的忠告。

2. 赚钱靠机遇,成功靠信誉

李嘉诚能发展到今天,正如他自己所言,靠努力、更靠信誉。在生意场上,李嘉诚笃信信誉是宝贵的经营资本,他时时把这种经营思想传递给儿子。有时候,他对信誉几乎到了痴迷的程度。可以说,这十个字是李嘉诚对经商的儿子们最重要的忠告。

3. 耐心等待成功的到来

李嘉诚经常跟他的儿子们说,十年树木百载成林,做大品牌,就要关注细节,要有耐心,唯其如此,才能成就你所能想象的事业。"精细商作,耐心为本"是长江实业的口号。而许多人并不知道的是,这八个字还是李嘉诚家族的家规。

4. 学会培养独立的生活能力

在李嘉诚看来,一个并不完全懂事的孩子就应该学会独立生活的能力。"虽然他们还小,但是我想早期启蒙教育会让他们从小知道父亲创业的艰难,学习父亲顽强拼搏的精神,长大了才能成为栋梁之材。如果现在放松了对他们的早期教育,他们成了只知道吃喝玩乐的纨绔子弟,再进行教育就迟了。"

5. 别人如果放弃,你就要出手

任何一个产业,都有它自己的高潮与低谷。在低谷的时候,相当大的一部分企业都会选择放弃,有的是由于目光的短浅而放弃,还有的是由于各种各样的原因而不得不放弃。所以,李嘉诚告诫他的两个儿子:在这个时候一定要静下心来认真地分析一下,是不是这个产业已经到了穷途末路,是不是还会有高潮来临的那一天? 如果你考虑好了,就要抓紧时间,从别人放弃的东西中去寻找利润的最大空间。

6. 不要对一项业务情有独钟

21世纪最贵的是人才,而人才中最贵的是全才。李嘉诚告诫他的儿子们说,在一个专业的商业人士眼中,应该是只有赢利的业务,而没有永远的业务。任何一项业务,当它走过自己的成熟阶段之后,必将走向衰落,而这个时候如果不进行自我调整,还抱着不放,必将随着该项业务的衰落而走向失败。

7. 有胆识也要有谋略

李嘉诚在遇到棘手问题时能够知难而上、舍卒保帅,可谓一个胆识与谋略结合的大商人。他经常告诫他的两个儿子,一个人仅有胆量在这个时代虽然能创出一片天下来,但在守成时期,光有胆量是远远不够的,还要有谋略。在许多时候,谋略往往比胆识重要得多。

8. 要时刻考虑合作伙伴的利益

"一个篱笆三个桩,一个好汉三个帮。"大的事业需要争取尽可能多的人合作,而按现代经营理念,利益一致才有真诚的合作。因此,必须把利益问题放在重要位置,包括下属的利益与外来合作伙伴的利益。

9. 懂得用人是成功的前提

业务发展愈是庞大,就更要懂得用人之道,独具慧眼,李嘉诚那份"慧"是出于一份

"心"。李嘉诚说,"管理一间大公司,你不可以样样事情都自己亲力亲为,首先要让员工有归属感,使得他们安心工作,那么,你就首先要让他们喜欢你。"

10. 肯用心来思考未来

李嘉诚吐露了他的成功之道:肯用心思去思考,对重大趋势要有"悟性",方能赚得巨利,方能成为大赢家。

(http://money.cnfol.com/mingrencaizhi/20150327/20415535.shtml)

第十九章

招投标书

学前三思

1. 你知道经营一个公司该如何运作吗？
2. 公司要获取一个项目的途径是什么？
3. 如果想成为公司的核心员工，你该怎么做？

情景勾勒

　　小艾用心经营自己的汽车美容店，他凭借"一心为顾客着想"的经营理念和高质量的服务品质赢得了顾客的信赖，生意越做越红火。为了进一步扩大业务范围，他近期特别关注网上的汽车美容产品采购定点供应商的招标公告，以便选择合适的产品进行投标。

学习例文

一、招标书

《汽车美容产品采购》定点供应商招标公告

　　根据《中华人民共和国政府采购法》等法规规定，经相关部门批准，上海市××建筑总公司拟对本项目进行公开招标，欢迎符合条件的供应商前来投标。现将有关事项公告如下：

　　一、项目名称：20××年上海市××建筑总公司汽车美容产品采购定点供应商招标

　　二、招标编号：×××××××

　　三、招标方式：公开招标

　　四、招标内容：汽车美容类（详见需求目录）

（续）

五、投标人资格要求：

1. 具有工商营业执照、税务登记证、在国内注册,且经营场地在上海市的（厂）商家均可报名参加投标。

2. 符合《中华人民共和国政府采购法》及《政府采购货物和服务招标投标管理办法》的相关规定。

六、招标文件的发售：

1. 发售时间:20××年××月××日至20××年××月××日正常工作时间（工作日）。

2. 发售地点:上海市杨浦区××大厦1508室（四平路××号）。

3. 售价:招标文件工本费每份300元,售后不退。恕不办理邮寄。

购买招标文件时须提供以下资料:①有效的营业执照（副本）复印件;②有效的税务登记证（副本）复印件;③法定代表人或负责人身份证复印件。所有复印件必须加盖单位公章。

七、投标保证金：

1. 投标保证金:人民币叁仟元整（￥3 000.00）。

2. 投标人应于投标截止日前将投标保证金以现金缴款形式交至上海市××建筑总公司财务部,开具收款收据。

八、投标截止时间和地点:投标人应于20××年××月××日15时00分前将投标文件按要求密封递交至上海市杨浦区××大厦1508室（四平路××号）,逾期送达或未按要求密封的投标文件将予以拒收或作无效投标文件处理。

九、开标时间及地点:本招标项目将于20××年××月××日15时00分在上海市杨浦区××大厦二楼第一会议室（四平路××号）开标,投标人凭法定代表人或负责人身份证明书及本人身份证原件及复印件、投标保证金证明原件出席开标会议。

十、联 系 人:陈昔　　联系电话:180×××××××

上海市××建筑总公司（公章）

二○××年××月××日

二、投标书

投　标　书

上海市××建筑总公司：

1. 我方在仔细研究了《上海市××建筑总公司汽车美容产品采购定点供应商招

（续）

标》文件的全部内容的基础上，秉着为顾客提供质优价廉的产品的经营理念，决定按照下面的产品报价表参与投标。我公司将按《需求目录》为你方及时配送相关汽车美容产品和提供汽车养护服务，并以批发价格结算费用。

产品报价表（略）。

2. 我方承诺在投标有效期内不修改、撤销投标文件。

3. 随同本投标书提交投标保证金一份，金额为人民币（大写）叁仟元整（￥3 000.00）。

4. 如我方中标：

（1）我方承诺在收到中标通知书后，在中标通知书规定的期限内与你方签订合同。

（2）随同本投标书递交的投标书附件属于合同文件的组成部分。

（3）我方承诺按照招标文件规定向你方递交履约担保。

5. 我方在此声明，所递交的投标文件及有关资料内容完整、真实和准确。

投标人：上海××汽车美容店（公章）

法定代表人或其委托代理人：艾××（签字）

地址：上海市杨浦区××路68号

网址：

电话：021-×××××××

传真：021-×××××××

二○××年××月××日

学 而 思 之

1. 你从上面例文中读到了哪些信息？请概要复述。

2. 从例文中可知，"招标书"的主体部分需明确哪些内容？

学 习 导 航

1. 招标书是一种告示性文书，又称招标通告、招标启事、招标广告，它是将招标主要事项和要求公告于世，从而使众多的投资者前来投标。一般都通过报刊、广播、电视等公开传播媒介发表。其特点：规范性、公开性、效益性。

2. 招标书属于邀约的范畴，是签订合同的依据，是一种具有法律效力的文件。招标书的内容和措辞都要周密严谨，简洁清晰，注意礼貌，对政策法规的理解与执行要准确。

3. 投标书是指投标单位按照招标书的条件和要求，作出明确回答，并按规定时间报送给招标单位的一种书面材料。其特点是：针对性、竞争性、真实性。

4. 招投标又是贸易活动,所以更要遵守平等、诚恳的原则,切忌盛气凌人,更反对低声下气。

写作点睛

1. 招标书结构由标题、正文、落款三部分组成。其中正文的开头部分即前言,需简要写明招标的目的、项目名称及招标单位的基本情况等;正文的主体部分需详细、准确地写明招标项目的内容、要求和有关事项;正文的结尾部分要写明联系人和联系方式。

2. 投标书结构由标题、主送单位、正文、落款四部分组成。其中正文开头需简要介绍投标人的基本情况,并表明投标的意愿。正文的主体部分,需明确三个方面内容:一是具体写明投标项目的指标;二是实现各项指标、完成任务的具体措施;三是对招标单位提出希望配合与支持的要求。

随堂练笔

根据下面所给材料写一份投标书。

××××××××有限公司就 1 号生产大楼、4 号综合大楼的装饰工程进行施工招标。该公司预期的施工总价不高于人民币 500 万元,工期不超过 70 天,并务必要保证工程质量合格。投标保证金为 10 万元。

相关拓展

在借贷、买卖、货物运输、加工承揽等经济活动中,债权人往往需要以担保方式保障其债权的实现,因此就出现了担保行为。担保一般分为口头担保和书面担保,但只有书面担保才具有真正意义的法律效力。如被担保人到时不履行承诺,一般由担保人代被担保人先行履行承诺。

担　保　书

编号：

××银行控江路支行:

鉴于你行向××省第一建筑总公司(下称"借款人")提供人民币贷款柒仟捌佰万元整,用于开发西南地块的公共租赁房项目。该借款合同(下称"合同")编号为×××××。本保证人已了解并同意合同所有条款,应借款人要求,现本保证人同意为上述贷款全额担保,特此开立以你行为受益人的无条件的、不可撤销的担保书,并向你行保证如下:

（续）

一、本保证人保证借款人全面履行合同,如借款人未能按合同规定偿付各期到期应付款项,不论由何种原因造成,你行有权直接向本保证人索偿,本保证人保证在收到你行第一次书面索付通知后 15 天内,无条件按通知要求将上述借款人的全部到期应付款以合同规定的币种主动支付给你行,应支付额计算至本保证人实际支付日。

二、如果本保证人未能按前条规定期限履行上述担保责任,由此造成的延付利息和你行的其他经济损失由本保证人承担。

三、本担保书是连续性的担保,自开立之日起生效,直至合同项下全部到期应付款项偿清后自动失效。

四、本担保书一式三份,你行、本保证人和借款人各执一份。

保证人名称：××省铝业有限公司(公章)

签发人：×××(签字)

保证人地址：(略)

保证人开户银行：(略)

结算账户：(略)

开立日期：(略)

写作指要

1. 担保书是指个人或单位根据合同或当事人约定,由第三方作出担保,以第三方的信用或者特定财产来督促被担保人履行相关义务或债务的一种书面文书,是实现合同和约定的承诺形式。

2. 担保书首先必须明确担保人和被担保人的关系,及担保人的详细信息。其中,所担保的具体内容是担保书的重点,这部分在撰写时,必须周详、清楚、明白。

3. 担保书写作时要内容完整,条理清晰,表达明确。

巩固练习

1. 佳盛建设咨询有限公司上海分公司准备于国庆期间组织员工及家属赴"新马泰"7日游,中国国际旅行社委托总公司法人出具有关约定参观路线和经济支付能力等内容的担保文书。请根据要求拟写这份担保书。

2. 改错题(指出下列文书的错误之处,并根据写作要求修改)。

上海市机电设备招标公司招标公告

上海市机电设备公司受长宁区政府采购中心委托就电教设备项目进行国内公开招标,邀请有兴趣的合格投标人参加投标。

(续)

招标编号：0612c2005011

招标名称及数量：投影机 13 台，电动银幕 13 张，电脑 13 台。详细技术规格参阅招标文件中的用户需求。

交货时间：所购设备合同签订后 10 日内交付。

购买标书时间：20××年××月××日至 20××年××月××日。

购买标书地点：金鹰大厦 10 楼。

投标截止及开标时间：20××年××月××日上午××点。

联系方式：有关此次招标事宜，可按下列联系方式向招标机构查询。

地址：×××××××

电话：×××××××

传真：×××××××

网址：×××××××

联系人：刘先生

开户银行：×××××××

账号：×××××××

××市机电设备招标公司

20××年××月××日

3. 上海嘉嘉房地产置业有限公司承接了闵行区沪闵路莘庄段办公、商业楼建设项目，需要该建设项目的工程预算造价咨询服务，拟向本市有资质的有关咨询公司招标。请根据相关要求，分别代上海嘉嘉房地产置业有限公司和某咨询公司拟写一份招标书和投标书纲要。

知 识 链 接

一、投标书的制作技巧及注意事项

1. 投标人要到指定的地点购买招标文件，并准备投标文件。

2. 对甲方的招标文件要认真领会，正确理解，对于有些特殊要求要特别注意并且仔细考虑。

3. 投标人必须严格按照招标文件规定填报，不得对招标文件进行修改，不得遗漏或者回避招标文件中提出的问题，更不能提出任何附带条件。

4. 注意结算时有没有审计单位，如果有的话可以略微提高单价，略微降低数量，保持投标总价有竞争力（因为审计单位会按照合同单价、实际竣工图数量办理结算）。

5. 投标人或授权人、法人签字以及加盖单位公章,一定要严格按照招标文件执行,否则,可能会失去投标的机会。

6. 投标保证金不足或开户行级别太低也能成为废标的理由。

7. 价格最低不一定就能中标,应该报出有竞争力的价格。

8. 有的招标很严格,迟到是不被允许的,迟到一分钟就有可能成为废标,千万要有时间观念。

(http://3y.uu456.com/bp-2379a8f0f61fb7360b4c65c1-1.html)

二、案例分析:机电产品国际招标

【背景】 某机电产品国际招标项目共有 A、B、C、D 四个投标人参加投标。评标过程中发现 A、B 的投标存在以下情况:

投标人 A:招标文件技术规格书中规定了 12 项要求必须具备的主要参数,但投标人 A 仅提供了其中 11 项参数技术资料证明,另外一项参数,投标人 A 直接复印了招标文件中关于此项参数的要求,并承诺其投标产品能够达到招标文件的要求。

投标人 B:同时设立了三个开户行 a、b 和 c,其中 a 是其开立基本账户的银行,投标人 B 提供的资信证明是投标截止时间前两个月银行 c 出具的资信良好证明的复印件。

应该如何评审投标人 A、B 的投标?

【分析】 依据商务部《机电产品国际招标投标实施办法》(商务部 13 号令)第三十七条的规定,投标文件针对招标文件技术规格书中要求必须具备的参数没有提供技术资料支持的,或者复印招标文件相关内容作为其投标文件中一部分的投标为非响应性投标,所以投标人 A 的投标为废标。

投标人 B 的投标,从投标性质上满足招标文件的实质性要求,其资信证明由开户行银行 c 出具,非其开立基本账户的银行 a 出具,作为判定其以往履约状况的证据可以采信,但这里因为其提供的资信证明非其开立基本账户的银行 a 出具,会给招标人带来一定的履约风险,一旦其不履约发生争议时,存在对其处罚的执行效力是否有保证问题,为此,招标人应通过向投标人 B 进一步质疑,要求其进行澄清或进一步承诺,以保证其履行合同义务。

(http://www.ppkao.com/shiti/5120699/)

三、担保人的主体资格限制

担保人应当符合的条件。

(1)与本案无牵连。

(2)享有政治权利,人身自由未受到限制。

（3）在当地有常住户口和固定住所。

（4）有能力履行担保义务。

《担保法》第七条　具有代为清偿债务能力的法人、其他组织或者公民,可以作保证人。

第八条　国家机关不得为保证人,但经国务院批准为使用外国政府或者国际经济组织贷款进行转贷的除外。

第九条　学校、幼儿园、医院等以公益为目的的事业单位、社会团体不得为保证人。

第十条　企业法人的分支机构、职能部门不得为保证人。企业法人的分支机构有法人书面授权的,可以在授权范围内提供保证。

第十一条　任何单位和个人不得强令银行等金融机构或者企业为他人提供保证;银行等金融机构或者企业对强令其为他人提供保证的行为,有权拒绝。

（http://xfl.fabao.cn/shyf/n214189849.shtml）

第二十章

起诉状

学前三思

1. 什么叫仲裁？为什么我们往往在解决合同纠纷时优先考虑仲裁而不是诉讼？
2. 我国法律援助的受援对象包括哪些人？
3. 什么叫答辩状？答辩状的答辩重点应当放在哪里？

情景勾勒

小艾的汽车美容店开张 1 年多后，一天突然接到出租方电话通知，说接有关方面通知，该商铺已纳入动迁范围，只能营业到×月×日。接到此电话，小艾立即去面见对方了解情况并提出赔偿要求，对方说此系不可抗力所致，并非有意为之，只能退还保证金，不承担其他任何责任。事情至此，小艾只能先申请仲裁了。仲裁后，小艾不满意仲裁机构的裁决结果，决定向法院提起诉讼。

学习例文

民事起诉状

原告：上海××汽车美容店

法定代表人：艾×× 职务：经理

地址：上海市××区××路××号

被告：上海××贸易公司

法定代表人：×× 职务：经理

地址：上海市××区××路××号

诉讼请求：请求法院判决被告赔偿原告经济损失××万元。

事实与理由：原告于20××年×月×日与被告签订合同，租赁位于××区××路××号商铺作为汽车美容店营业用房，租期3年。

(续)

20××年×月×日,原告突然接到被告电话通知,说接到有关方面通知,该商铺已纳入动迁范围,只能营业到×月×日。接到此通知,我们立即赶赴被告处了解情况,并指出,我们于20××年×月×日与被告签订合同租赁,至今仅15个月时间,即出此状况。出租方系本地企业,对此情况理应事先有所知晓,即使不能肯定知道具体时间,也应该将可能存在的风险如实告知。现被告在隐瞒存在风险的情况下,片面强调系不可抗力所致,我们认为是被告在推卸自己应负的责任。

在与被告签订租赁合同后,我们花费了10万元用于店面装修,15万元购置设备,其他广告宣传等方面合计花费2万元。考虑到设备还可以继续使用,营业损失不算,我们的直接经济损失已高达××万元,如果加上营业损失,则全部损失高达××万元以上。为此,我们认为,要求被告赔偿××万元是完全合情合理合法的。

基于上述事实,为维护原告合法权益,我们特向你院起诉,请依法判决。

此致

上海市××区人民法院

起诉人:上海市××汽车美容店

法定代表人:艾××

20××年×月××日

附件:1. 商铺租赁合同1份(略)

2. 本诉状副本×份(略)

学而思之

1. 你从上面例文中读到了哪些信息?请概要复述。

2. 例文告诉我们一份起诉状要明确哪些信息?

学习导航

1. 民事起诉状是指公民、法人或其他组织,在认为自己的合法权益受到侵害需要保护时,向法院提交的请求法院依法裁决维护自身合法权益的法律文书。

2. 起诉必须符合下列条件:①原告是与本案有直接利害关系的公民、法人和其他组织;②有明确的被告;③有具体的诉讼请求和事实及理由;④属于人民法院受理民事诉讼的范围和受诉人民法院管辖。

写作点睛

民事起诉状的写作格式基本固定。主体内容有：①诉讼参与人身份等基本情况。②诉讼请求。这一部分主要写明原告请求人民法院依法判决的具体要求。③事实和理由。这一部分是请求人民法院判决当事人之间权益纠纷的根据。

随堂练笔

请根据下面所给的法律案例，写作一份民事起诉状。

原告李某与被告蔡某于20××年6月就位于上海市杨浦区幸福小区2单元××号楼××单元××室房屋签订了《上海市房屋买卖合同》。双方约定，房屋的成交价为358万元，签约当日支付定金2万元，20××年6月13日补齐定金3万元，共计定金5万元。另约定双方应于20××年6月24日之前办理银行面签，同日蔡某应一次支付购房首付款143万元。截至20××年6月24日，蔡某因为国家政策调整，未能办理银行面签手续，也未支付首付购房款。原告李某将蔡某诉至法院，要求解除李某与蔡某之间的房屋买卖合同，赔偿原告违约金28万元，赔偿给原告造成的售房差价35万元整，诉讼费由被告承担。

相关拓展

被告和被上诉人在收到法院传票后，要针对起诉的事实和理由进行辩解，这就是答辩状。

答 辩 状

答辩人：上海××贸易公司

法定代表人：×× 职务：经理

地址：上海市××区××路××号

被答辩人：上海××汽车美容店

法定代表人：艾×× 职务：经理

地址：上海市××区××路××号

答辩人就上海××汽车美容店诉上海××贸易公司租赁合同纠纷一案，现提出答辩意见如下：

我公司于20××年×月×日接区政府××部门文件（×办〔20××〕8号文）通知，称××地块由于市政建设需要，地块上的建筑应于×年×月×日前动迁。对此情况，我们事先并不知晓，更不存在故意隐瞒行为。

（续）

> 　　接到此通知,我们已经在第一时间通知了被答辩人所有情况,尽到了我们的告知义务。
>
> 　　按照我们与被答辩人签订的租赁合同,对由于不可抗力造成的被答辩人的损失,我方没有责任,也不承担赔偿义务。
>
> 　　为此,我们请求法院驳回被答辩人的所有诉讼请求并由被答辩人承担全部诉讼费用。
>
> 　　此致
> ××区人民法院
>
> 答辩人:上海××贸易公司
> 法定代表人:××
> 20××年×月×日

写作指要

1. 答辩状就是被告和被上诉人针对起诉的事实和理由或上诉的请求和理由进行回答和辩解的文书。

2. 答辩状分刑事答辩状和民事答辩状,它是与起诉状或上诉状相对应的文书。答辩状必须在法定期限内呈交法院。

3. 答辩状的针对性很强。答辩时通常从事实与理由两个方面进行答辩。首先摆事实并指出对方诉状中与事实不符的地方,再从说理角度指出对方不符合逻辑和引用法律条文不当之处。最后向法院提出己方的请求。

4. 起诉状的重点是事实与理由部分,答辩状的答辩重点也在这里,因此:①事实、理由的陈述要与诉讼请求或答辩请求一致,不能写任何与案件无关的内容,更不能相互矛盾。②事实的叙述应具体、清晰、层次分明、详略得当,交代清楚与争议有关的关键情节,以便使法院迅速了解双方争议焦点所在,明确调查、审理的重点。③阐明理由时,应以事实为依据,以法律为准绳,针对所述事实阐明理由。

5. 诉状或答辩状等法律文件的语言要求:第一是准确,第二力求简明。

巩固练习

1. 李四、王五想合伙开一家公司,但因资金不足,于是他们在 2014 年向共同的朋友张三借了人民币 35 万元。于第二年年初还给了张三人民币 5 万元,还欠 30 万元。2013 年 1 月 20 日,李四、王五写了一份《承诺书》给张三,承诺分别于 2015 年 2 月底、4 月 20 日、7 月底和 10 月底向张三偿还欠款,并在 2015 年 10 月底前全部还清欠款。但到了

2015 年 12 月,经过张三数次催讨,30 万元欠款依然没有偿还。于是,张三为了讨回欠款,把李四、王五两人告到了法院。

要求:根据材料内容,用简洁准确的语言,帮张三写出起诉状中"诉讼请求"和"事实与理由"两部分。

2. 根据下列材料,拟写一份民事起诉状,身份事项等不明确者可自行补充。

苏州某商贸有限责任公司,自 2010 年开始因为经营需要,一直在苏州市天翼涂料有限公司购买油漆等产品,但常会拖欠货款,且久追不还。截至 2015 年 8 月,苏州某商贸有限责任公司所欠货款总计达人民币 11 086 元。苏州市天翼涂料有限公司准备诉诸法律途径追讨对方所欠货款。

3. 根据材料内容,以 A 物业公司的名义写一份答辩状。

2013 年 7 月,大学毕业生王某去甲小区的 A 物业公司应聘,录用后签订了劳动合同,合同有效期为 3 年,自 2012 年 8 月 1 日至 2015 年 7 月 31 日。由于甲小区于 2014 年 7 月份起聘请 B 物业公司进驻管理其物业,A 物业公司撤离该小区,并向 B 物业公司推荐了大学生王某,但王某没有被 B 物业公司录取,故 A 公司在 2014 年 7 月 24 号用快递的方式发出了王某的解聘通知书,通知与王某的合同到 2014 年 7 月 31 日结束,并支付了两个月的工资作为解除劳动合同的经济赔偿金。王某由此向法院提交诉讼,认为所签合同还没有到期就解除了劳动关系,对方应当给付 4 个月的工资才合理。

撰写要求:以事实为依据,以法律为准绳,层次清晰分明,语言简明准确。

知 识 链 接

一、公民如何申请法律援助和应当向哪一级法律援助中心提出申请

根据司法部和其他一些地方规范性文件的规定,公民要想获得法律援助,须向诉讼案件的人民法院所在地、非诉讼法律事务的住所地或事实发生地或公证事务的住所地、事实发生地或不动产所在地的法律援助中心(或司法局)提出申请。申请时须填写法律援助申请表,同时递交证明本人身份、经济困难(即低于当地县以上人民政府确定的最低生活保障标准)和享有合法权益的证明材料。

此外,有关公益福利组织或者政府公益项目需要法律援助的,可以申请减费的法律服务。除法律、法规、规章规定应当亲自实施的法律行为外,当事人可以委托他人提出申请。申请人应如实陈述申请法律援助的事实和理由,提供的材料要具有证据效力。申请人(受援人)以欺骗方式获得法律援助的,法律援助中心应当取消其受援资格,并责令其支付已获得服务的全部费用。

二、法律援助的申请人应向法律援助中心递交的材料

法律援助申请人应向法律援助中心递交下列材料:①身份证明材料,如居民身份证、

户籍证明或其他有效的身份证明（如暂住证）；②经济困难证明材料，如救济证、政府有关部门或所在单位出具的申请人及家庭成员经济困难状况证明、职工下岗证、待业证等；③享有合法权益的证明材料，如财产所有权证、亲属关系证明、权益受到侵害的事实材料等；④法律援助中心认为需要提供的其他材料。代理或代为申请的还应提交有代理权资格的证明及代理人的基本情况的材料。

三、打民事官司当心十七种风险

1. 起诉不符合法定条件。起诉不符合法定条件的风险有两个：一是法院不予受理，即告也白告；二是法院受理后驳回起诉，等于败诉。

2. 起诉不符合管辖规定。起诉不符合管辖规定的风险是：向甲法院起诉，但甲法院没有管辖权，案件最后由其他法院审理。

3. 诉讼请求不当。该风险书提示："当事人提出的诉讼请求应明确、具体、完整，对未提出的诉讼请求人民法院不会审理"。诉讼请求不适当的风险是：①法院不审理；②法院不支持；③白交诉讼费。

4. 逾期改变诉讼请求。当事人逾期改变诉讼请求或者提出反诉的风险是：法院不予审理。

5. 超过诉讼时效。当事人请求人民法院保护民事权利的时间一般为 2 年（特殊的 1 年）。超过诉讼时效的风险是：其诉讼请求不会得到人民法院的支持，即告也白告。

6. 授权不明。委托诉讼代理诉讼事务，如果授权委权书对授权事项不明确的，其风险是：诉讼代理人就特定事项（承认、放弃、变更诉讼请求、进行调解、提起反诉或上诉等）发表的意见，没有法律效力，即没有法律意义，亦即说也白说。

7. 不按时交纳诉讼费用。当事人不按时交纳诉讼费用的风险是：①法院将按自动撤回起诉、上诉处理，即白告了。②在提出反诉的情况下，法院将不会审理。

8. 申请财产保全不符合规定。申请财产保全的风险是：①法院不采取保全措施；②申请被驳回；③未赔偿损失。

9. 不提供或者不充分提供证据，打官司不提供相应证据的风险是：面临不利的裁判后果，即法院不支持其提出的主张和要求。

10. 超过举证时限提供证据。当事人超过举证时限提供证据的风险是：法院可能视其放弃了举证的权利，即不举证。

11. 不提供原始证据。当事人不提供原始证据：风险是：①证据的证明力受到影响；②证据不被采信。

12. 证人不出庭作证。证人不出庭作证的风险是：①该证人的证言的证据效力受到影响；②该证人的证言不被采信。

13. 不按规定申请审计、评估、鉴定。当事人不按规定申请审计、评估、鉴定的风险是：产生不利于自己的裁判后果。

14. 原告不按时出庭或者中途退庭。原告起诉后不按时出庭或者中途退庭的风险是：①起诉将被按自动撤诉处理，即等于没有起诉；②如果被告反诉的，将在反诉中作为被告缺席审判。

15. 被告不按时出庭或者中途退庭。被告不按时出庭或者中途退庭的风险是：法院将缺席判决。

16. 不准确提供送达地址。在适用简易程序审理的案件中，当事人不准确提供送达地址的风险是：法院送出的诉讼文书被退回，但在法律上被视为已经送达。

17. 逾期申请强制执行等。当事人超过规定期限申请人民法院强制执行的风险是：法院不受理其申请，即官司白打了。

（http://www.fabang.com/susongzhinan/jndgs/dgsxz/2010/0504/102508.html）

附录 1

港台地区常用商务文书

【概述】

随着内地与港台地区人员及贸易往来日益频繁,商务文书的来往也日益增加。

港台地区商务文书有以下两个显著特点:一是采用繁体字;二是常常白话文中辅以文言文,因此行文显得简洁雅致。

香港贸易发展局在一篇文章中指出:应用文有一定的用处或目的,因此内容首重实用,而一般来说,由于商界人士分秒必争,行文必须简要、浅白和清楚,使受文一方容易明白及一目了然,在最短时间内掌握到发文一方所要传达的商业信息,这样才能达致最大的经济效益。

在用语方面,随着时移世易,在现代社会,辞藻堆砌、行文八股的文言文已被大部分人摒弃,代之而起的是文字简洁、措辞平等的白话文。贸易应用文的用词应避免过分修饰卑恭,但在书信、柬帖、通告和启事等,为表示庄重有礼,可酌量加入书面语(如:本、贵、兹、谨等),甚至浅易文言(如:大函接悉、殊感歉甚、尚祈见谅等)。与内地进行贸易的港商,会发觉内地人士所写的公函,多采用你、您、我之类的代名词,这种称呼于传统书信而言,被认为不礼貌,但在现代商务书信却可以接受。不过,假若能在文意清楚的情形下予以省略或尽量少用,以及适量使用"台端""阁下""本人"等称呼,可令文字读起来更简洁得体。

作为商务专业的学生或从事此类职业者,了解乃至于会写作此类文书,实属必要。下面以实例为主做一些介绍。

一、商务书信

商务书信是由公司、机关团体或其代表发出的业务往来信件,一般可分为标准公函和私人式公函两大类。

1. 标准式公函

【参考例文一:购货询价公函】

> ××絲綢織造廠:
>
> 　　本公司為香港一家貿易機構,經營絲綢進出口業務達十年之久,客戶網絡遍布歐洲各主要市場。

（续）

　　日前本公司一名法國客戶表示有意長期訂購大批量中國製造的高級印花綢絲布料。本公司從香港貿易發展局的資料庫中,得悉貴公司為國內最大規模的絲綢織造廠之一,專門生產優質印花絲綢,故特修函徵詢貴廠是否有興趣與本公司合作。

　　茲隨函附上貨樣圖案設計一套,以及產品規格標準一份,以資參考。根據法國客戶的要求,首批綢絲布料數量1 000匹,付貨日期為本年12月31日或之前。

　　倘若貴廠有意向本公司供應上述絲綢產品,請儘早與我方聯絡,並附來報價單。本公司若認為價格合理,合作條件理想,當即寄上購貨確認書,為雙方長期合作打下基礎。

　　祈請示覆

××貿易有限公司

經理×××謹啟

二○××年×月×日

【参考例文二:报价公函】

敬啟者:

　　×月×日來函收悉。對於貴方的諮詢,現報價如下:

　　綢絲布料1 000匹,規格××××,每匹××美元。相信上述報價應為貴方接受,專此盼候佳音。

　　此致
××公司

××絲綢織造廠(蓋章)

二○××年×月×日

【参考例文三:营销推广信函】

×××總經理:

　　本公司為歷史悠久的電子消費品製造商,產品供銷國際市場。鑒於近年中國內地逐漸對外開放市場,現謹向貴公司介紹我方最新推出的電子記事簿,以期發展貴我雙方之間的貿易。

　　本公司生產的××牌電子記事簿,共有四個型號,全部均採用最先進的集成電路晶片技術製造,是目前市場上功能最齊全和唯一可選用漢字輸入的電子記事簿。產品的塑料外殼乃從日本進口,而內部機芯則由本公司在香港的廠房設計製造。

（续）

　　茲奉寄產品說明書及價目表，詳細介紹本產品各型號的特點和功能，以便閣下研究這種電子記事簿在國內市場的銷售潛力。如有需要，請來函聯繫為盼。
　　專此

×××電子有限公司
營業經理×××謹啟
二〇××年×月×日

【阅读提示】

　　称呼：收信人如属公司机构，只需写公司机构名称即可，例文就是这样。公函开头一般不使用"您好"之类的问候语。"敬启者"常用作没有明确收信人的商务函中，是对收信人的敬称。

　　结尾语：标准式商务书信的结尾一般较为郑重，故多用浅白文言。例文中发信人希望对方回信，所以用"祈请示覆"做结束语。也可以用"专此候覆"。

　　署名与敬语：商务信件的署名一般是公司或团体的名称，具名时必须书写公司或机构的全名，也可使用公司印章，或在公司名称下另加印章。若以公司负责人名义发出的信，须写明公司名称、职衔及全名，一般应由署名人亲笔签名，以示郑重和负责。署名之后可加上"谨启""谨覆"等敬语，以表示对收信人的尊重。

　　2. 私人式公函

　　私人式公函是由代表公司或团体的个人写给另外一家公司或机构人员的公务信件。在一般情况下，这类信件的授受双方都已经见过面，有一点交情，或甚至有过多次会晤接触，但是由于书信的内容涉及公事，故用语仍须保持严谨，不过为了在公务之余增添几分亲切感，以拉近距离，方便促进双方合作，措辞可以较为随和，或间夹一些客套语。在格式方面，私人式公函与标准式公函大同小异。

【参考例文四：告知信函】

中國××貿易發展有限公司
×××經理：

　　您好。日前您與××總經理來港訪問，在緊密的行程中撥冗出席本公司所設的酒會，謹此致以深切謝意。

　　這次能夠與您再次見面，共同探討我方與貴公司擴大合作投資範圍的機會，並得到您給予多方面富建設性的提議，實在不勝感激。我司將於月內派員到訪，與貴公司有關人員會晤，進一步商談合作投資細則，使投資計劃得以早日付諸實行。

　　竭誠希望貴我雙方的合作，能在現有基礎上更上一層樓。

　　順頌

商祺

××商貿有限公司董事
×××謹啟
二〇××年×月×日

【阅读提示】

这类信函一般开头有问候,结尾有祝颂语。其他部分与标准公函类似。祝颂语前部分多用顺候、顺颂等,后部分多用钧安、商祺、商安等。

二、邀请函

邀请信是标准式公函的一种,内文务须简洁,并列明邀请受文人参与的活动性质、举行日期、时间和地点,以及要求对方届时所需做的事情(如剪彩或致辞等)。

【参考例文五:邀请函】

中國××紡織股份有限公司

××董事總經理:

　　我司定於二○××年×月×日下午八時正假香港××酒店舉行時裝表演,隆重向買家介紹我司在香港設計及在國內製造的新款時裝,並禮聘多位北京和上海的著名模特兒聯同本港模特兒演出。

　　鑒於貴司在國內紡織服裝業享譽昭著,又與我司業務關係密切,現特函誠邀閣下屆時出席為特別嘉賓,主持時裝表演開幕儀式,為是項活動增光。不知意下如何,祈請示覆。

　　順頌

商祺

　　　　　　　　　　　　　　　××服裝有限公司主席

　　　　　　　　　　　　　　　　××× 謹啟

　　　　　　　　　　　　　　　二○××年×月×日

【参考例文六:接受邀请函】

××公司

×××董事長:

　　大函接悉。承蒙盛情邀請出席貴公司於×月×日下午二時三十分在尖沙咀新店舉行的新張典禮,並主持剪綵,實不勝榮幸。本人屆時定必到來致賀,聊表心意。

　　　　　　　　　　　　　　　××公司行政總裁

　　　　　　　　　　　　　　　　××× 謹啟

　　　　　　　　　　　　　　　二○××年×月×日

【参考例文七:婉拒邀请函】

××公司

×××董事長:

　　大函接悉。承蒙盛情邀請出席貴公司於×月×日下午二時三十分在尖沙咀新店舉行的新張典禮,並主持剪綵,實不勝榮幸。惜本人由於公務纏身,屆時須赴美公幹,故無法分身出席典礼,殊覺歉甚,尚祈見諒。

　　謹此預祝洽談會圓滿成功。

　　敬頌

台祺

××公司總經理

×××謹啟

二〇××年×月×日

【阅读提示】

　　对此类邀请函,无论接受与否,都应该尽早回信。尤其是无法接受的情况,更需要婉转地说明理由以取得对方谅解。

三、通告

　　通告是商业机构或团体向雇员或成员传达信息、发布事项或召开会议时,须发出通告或在布告板上张贴布告。通告与布告的形式十分近似,一般都不作区分。

【参考例文八:通告】

普通話學習班通告

　　鑒於近年本公司的中國內地業務不斷擴張,員工需要使用普通話的機會也大為增加。為鼓勵各同事學好普通話,本會現特邀×××老師於六月一日起主持普通話學習班,為期三個月,請踴躍報名參加。學習班的詳細情形如下:

　　日期:由六月一日至八月三十一日逢星期二、四

　　時間:下午一時至二時

　　地點:三十九樓會議室

　　費用:全免

　　人數:三十名

　　保證金:港幣壹佰元正。凡出席率達百分之八十五者,將於學習班完結後獲發還保證金。

（续）

課程綱要：

1. 漢語拼音

2. 常用詞匯

3. 會話練習

有興趣參加的同事,請於五月十五日前向本人報名,並繳交現金壹佰元正。由於名額有限,本會將以先到先得辦法接受申請。如有任何查詢,請電內線 4321 與本人聯絡。

此致

各同事

工会主席×××謹啟

二〇××年×月×日

四、启事

启事是一种公告性的应用文,由个人、机构、企业或团体透过大众媒介(通常是报刊)公开说明某件事项。

【参考例文九:启事】

遷 址 啟 事

本公司定於一九××年×月×日(星期×)遷往灣仔港灣道一號會展廣場辦公大樓五十二樓繼續營業,敬希垂注。

××有限公司謹啟

二〇××年×月×日

【词语解释】

大函接悉:您的信收到并已阅读。

殊感歉甚:觉得特别抱歉。

尚祈见谅:还希望能得到原谅。

祈请示覆:希望得到回复。

不胜荣幸:十分荣幸。

公务缠身:工作很忙。

拨冗:在繁忙中抽出时间。

商祺、台祺：祝您工作顺利。

台端、阁下：对对方的尊称。

垂注：敬请关注。

谨启："谨"是恭敬的意思，用于署名之后，表示敬意。

鉴于：由于。

兹：这，现在。

附录2

中华人民共和国国家标准标点符号用法

（中华人民共和国国家标准 GB/T 15834—2011）

前　言

本标准按照 GB/T 1.1—2009 给出的规则起草。

本标准代替 GB/T 15834—1995，与 GB/T 15834—1995 相比，主要变化如下：

——根据我国国家标准编写规则（GB/T1.1—2009），对本标准的编排和表述做了全面修改；

——更换了大部分示例，使之更简短、通俗、规范；

——增加了对术语"标点符号"和"语段"的定义（2.1/2.5）；

——对术语"复句"和"分句"的定义做了修改（2.3/2.4）；

——对句末点号（句号、问号、叹号）的定义做了修改，更强调句末点号与句子语气之间的关系（4.1.1/4.2.1/4.3.1）；

——对逗号的基本用法做了补充（4.4.3）；

——增加了不同形式括号用法的示例（4.9.3）；

——省略号的形式统一为六连点"……"，但在特定情况下允许连用（4.11）；

——取消了连接号中原有的二字线，将连接号形式规范为短横线"-"、一字线"—"和浪纹线"～"，并对三者的功能做了归并与划分（4.13）；

——明确了书名号的使用范围（4.15/A.13）；

——增加了分隔号的用法说明（4.17）；

——"标点符号的位置"一章的标题改为"标点符号的位置和书写形式"，并增加了使用中文输入软件处理标点符号时的相关规范（第5章）；

——增加了"附录"：附录 A 为规范性附录，主要说明标点符号不能怎样使用和对标点符号用法加以补充说明，以解决目前使用混乱或争议较大的问题。附录 B 为资料性附录，对功能有交叉的标点符号的用法做了区分，并对标点符号误用高发环境下的规范用法做了说明。

本标准由教育部语言文字信息管理司提出并归口。

本标准主要起草单位：北京大学。

本标准主要起草人：沈阳、刘妍、于泳波、翁姗姗。

本标准所代替标准的历次版本发布情况为：

——GB/T 15834—1995。

标点符号用法

1　范围

本标准规定了现代汉语标点符号的用法。本标准适用于汉语的书面语(包括汉语和外语混合排版时的汉语部分)。

2　术语和定义

下列术语和定义适用于本文件。

2.1　标点符号 punctuation

辅助文字记录语言的符号,是书面语的有机组成部分,用来表示语句的停顿、语气以及标示某些成分(主要是词语)的特定性质和作用。

注:数学符号、货币符号、校勘符号、辞书符号、注音符号等特殊领域的专门符号不属于标点符号。

2.2　句子 sentence

前后都有较大停顿、带有一定的语气和语调、表达相对完整意义的语言单位。

2.3　复句 complex sentence

由两个或多个在意义上有密切关系的分句组成的语言单位,包括简单复句(内部只有一层语义关系)和多重复句(内部包含多层语义关系)。

2.4　分句 clause

复句内两个或多个前后有停顿、表达相对完整意义、不带有句末语气和语调、有的前面可添加关联词语的语言单位。

2.5　语段 expression

指语言片段,是对各种语言单位(如词、短语、句子、复句等)不做特别区分时的统称。

3　标点符号的种类

3.1　点号

点号的作用是点断,主要表示停顿和语气。分为句末点号和句内点号。

3.1.1　句末点号

用于句末的点号,表示句末停顿和句子的语气。包括句号、问号、叹号。

3.1.2　句内点号

用于句内的点号,表示句内各种不同性质的停顿。包括逗号、顿号、分号、冒号。

3.2　标号

标号的作用是标明,主要标示某些成分(主要是词语)的特定性质和作用。包括引号、括号、破折号、省略号、着重号、连接号、间隔号、书名号、专名号、分隔号。

4　标点符号的定义、形式和用法

4.1　句号

4.1.1　定义

句末点号的一种,主要表示句子的陈述语气。

4.1.2　形式

句号的形式是"。"

4.1.3　基本用法

4.1.3.1　用于句子末尾,表示陈述语气。使用句号主要根据句段前后有较大停顿、带有陈述语气和语调,并不取决于句子的长短。

示例1:北京是中华人民共和国的首都。

示例2:(甲:咱们走着去吧?)乙:好。

4.1.3.2　有时也可以表示较缓和的祈使语气和感叹语气。

示例1:请你稍等一下。

示例2:我不由地感到,这些普通劳动者也同样是很值得尊敬的。

4.2　问号

4.2.1　定义

句末点号的一种,主要表示句子的疑问语气。

4.2.2　形式

问号的形式是"?"。

4.2.3　基本用法

4.2.3.1　用于句子末尾,表示疑问语气(包括反问、设问等疑问类型)。使用问号主要根据语段前后有较大停顿、带有疑问语气和语调,并不取决于句子的长短。

示例1:你怎么还不回家去呢?

示例2:难道这些普通的战士不值得歌颂吗?

示例3:(一个外国人,不远万里来到中国,帮助中国的抗日战争。)这是什么精神? 这是国际主义的精神。

4.2.3.2　选择问句中,通常只在最后一个选项的末尾用问号,各个选项之间一般用逗号隔开。当选项较短且选项之间几乎没有停顿时,选项之间可不用逗号。当选项较多或较长,或有意突出每个选项的独立性时,也可每个选项之后都用问号。

示例1:诗中记述的这场战争究竟是真实的历史描述,还是诗人的虚构?

示例2:这是巧合还是有意安排?

示例3:要一个什么样的结尾:现实主义的? 传统的? 大团圆的? 荒诞的? 民族形式的? 有象征意义的?

示例4:(他看着我的作品称赞了我。)但到底是称赞我什么:是有几处画得好? 还是什么都敢画? 抑或只是一种对于失败者的无可奈何的安慰? 我不得而知。

示例5:这一切都是由客观的条件造成的? 还是由行为的惯性造成的?

4.2.3.3　在多个问句连用或表达疑问语气加重时,可叠用问号。通常应先单用,再叠用,最多叠用三个问号。在没有异常强烈的情感表达需要时不宜叠用问号。

示例:这就是你的做法吗? 你这个总经理是怎么当的?? 你怎么竟敢这样欺骗消费者???

4.2.3.4　问号也有标号的用法,即用于句内,表示存疑或不详。

示例1:马致远(1250? —1321),大都人,元代戏曲家、散曲家。

示例2:钟嵘(? —518),颍川长社人,南朝梁代文学批评家。

示例3:出现这样的文字错误,说明作者(编者? 校者?)很不认真。

4.3　叹号

4.3.1　定义

句末点号的一种,主要表示句子的感叹语气。

4.3.2　形式

叹号的形式是"!"。

4.3.3　基本用法

4.3.3.1　用于句子末尾,主要表示感叹语气,有时也可表示强烈的祈使语气、反问语气等。使用叹号主要根据语段前后有较大停顿、带有感叹语气和语调或带有强烈的祈使、反问语气和语调,并不取决于句子的长短。

示例1:才一年不见,这孩子都长这么高啦!

示例2:你给我住嘴!

示例3:谁知道他今天是怎么搞的!

4.3.3.2　用于拟声词后,表示声音短促或突然。

示例1:咔嚓! 一道闪电划破了夜空。

示例2:咚! 咚咚! 突然传来一阵急促的敲门声。

4.3.3.3　表示声音巨大或声音不断加大时,可叠用叹号;表达强烈语气时,也可叠用叹号,最多叠用三个叹号。在没有异常强烈的情感表达需要时不宜叠用叹号。

示例1:轰!! 在这天崩地塌的声音中,女娲猛然醒来。

示例2:我要揭露! 我要控诉!! 我要以死抗争!!!

4.3.3.4　当句子包含疑问、感叹两种语气且都比较强烈时(如带有强烈感情的反问句和带有惊愕语气的疑问句),可在问号后再加叹号(问号、叹号各一)。

示例1:这么点困难就能把我们吓倒吗?!

示例2:他连这些最起码的常识都不懂,还敢说自己是高科技人材?!

4.4　逗号

4.4.1　定义

句内点号的一种,表示句子或语段内部的一般性停顿。

4.4.2　形式

逗号的形式是","。

4.4.3　基本用法

4.4.3.1　复句内各分句之间的停顿,除了有时用分号(见4.6.3.1),一般都用逗号。

示例1:不是人们的意识决定人们的存在,而是人们的社会存在决定人们的意识。

示例2:学历史使人更明智,学文学使人更聪慧,学数学使人更精细,学考古使人更深沉。

示例3:要是不相信我们的理论能反映现实,要是不相信我们的世界有内在和谐,那就不可能有科学。

4.4.3.2　用于下列各种语法位置:

a）较长的主语之后。

示例 1：苏州园林建筑各种门窗的精美设计和雕镂功夫，都令人叹为观止。

b）句首的状语之后。

示例 2：在苍茫的大海上，狂风卷集着乌云。

c）较长的宾语之前。

示例 3：有的考古工作者认为，南方古猿生存于上新世至更新世的初期和中期。

d）带句内语气词的主语（或其它成分）之后，或带句内语气词的并列成分之间。

示例 4：他呢，倒是很乐观地、全神贯注地干起来了。

示例 5：（那是个没有月亮的夜晚。）可是整个村子——白房顶啦，白树木啦，雪堆啦，全看得见。

e）较长的主语中间、谓语中间和宾语中间。

示例 6：母亲沉痛的诉说，以及亲眼看到的实事，都启发了我幼年时期追求真理的思想。

示例 7：那姑娘头戴一顶草帽，身穿一条绿色的裙子，腰间还系着一根橙色的腰带。

示例 8：必须懂得，对于文化传统，既不能不分青红皂白统统抛弃，也不能不管精华糟粕全盘继承。

f）前置的谓语之后或后置的状语、定语之前。

示例 9：真美啊，这条蜿蜒的林间小路。

示例 10：她吃力地站了起来，慢慢地。

示例 11：我只是一个人，孤孤单单的。

4.4.3.3 用于下列各种停顿处：

a）复指成分或插说成分前后。

示例 1：老张，就是原来的办公室主任，上星期已经调走了。

示例 2：车，不用说，当然是头等。

b）语气缓和的感叹语、称谓语和呼唤语之后。

示例 3：哎哟，这儿，快给我揉揉。

示例 4：大娘，您到哪儿去啊？

示例 5：喂，你是哪个单位的？

c）某些序次语（"第"字头、"其"字头及"首先"类序次语）之后。

示例 6：为什么许多人都有长不大的感觉呢？原因有三：第一，父母总认为自己比孩子成熟；第二，父母总要以自己的标准来衡量孩子；第三，父母出于爱心而总不想让孩子在成长的过程中走弯路。

示例 7：《玄秘塔碑》所以成为书法的范本，不外乎以下几方面的因素：其一，具有楷书点画、构体的典范性；其二，承上启下，成为唐楷的极致；其三，字如其人，爱人及字，柳公权高尚的书品、人品为后人所崇仰。

示例 8：下面从三个方面讲讲语言的污染问题：首先，是特殊语言环境中的语言污染问题；其次，是滥用缩略语引起的语言污染问题；再次，是空话和废话引起的语言污染问题。

4.5　顿号

4.5.1　定义

句内点号的一种，表示语段中并列词语之间或某些序次语之后的停顿。

4.5.2　形式

顿号的形式是"、"。

4.5.3　基本用法

4.5.3.1　用于并列词语之间。

示例1：这里有自由、民主、平等、开放的风气和氛围。

示例2：造型科学、技艺精湛、气韵生动，是盛唐石雕的特色。

4.5.3.2　用于需要停顿的重复词语之间。

示例：他几次三番、几次三番地辩解着。

4.5.3.3　用于某些序次语（不带括号的汉字数字或"天干地支"类序次语）之后。

示例1：我准备讲两个问题，一、逻辑学是什么？二、怎样学好逻辑学？

示例2：风格的具体内容主要有以下四点，甲、题材；乙、用字；丙、表达；丁、色彩。

4.5.3.4　相邻或相近两数字连用表示概数通常不用顿号。若相邻两数字连用为缩略形式，宜用顿号。

示例1：飞机在6 000米高空水平飞行时，只能看到两侧八九公里和前方一二十公里范围内的地面。

示例2：这种凶猛的动物常常三五成群地外出觅食和活动。

示例3：农业是国民经济的基础，也是二、三产业的基础。

4.5.3.5　标有引号的并列成分之间、标有书名号的并列成分之间通常不用顿号。若有其他成分插在并列的引号之间或并列的书名号之间（如引语或书名号之后还有括注），宜用顿号。

示例1："日""月"构成"明"字。

示例2：店里挂着"顾客就是上帝""质量就是生命"等横幅。

示例3：《红楼梦》《三国演义》《西游记》《水浒传》，是我国长篇小说的四大名著。

示例4：李白的"白发三千丈"（《秋浦歌》）、"朝如青丝暮成雪"（《将进酒》）都是脍炙人口的诗句。

示例5：办公室里订有《人民日报》（海外版）、《光明日报》和《时代周刊》等报刊。

4.6　分号

4.6.1　定义

句内点号的一种，表示复句内部并列关系分句之间的停顿，以及非并列关系的多重复句中第一层分句之间的停顿。

4.6.2　形式

分号的形式是"；"。

4.6.3　基本用法

4.6.3.1　表示复句内部并列关系的分句(尤其当分句内部还有逗号时)之间的停顿。

示例1,语言文字的学习,就理解方面说,是得到一种知识;就运用方面说,是养成一种习惯。

示例2:内容有分量,尽管文章短小,也是有分量的;内容没有分量,即使写得再长也没有用。

4.6.3.2　表示非并列关系的多重复句中第一层分句(主要是选择、转折等关系)之间的停顿。

示例1:人还没看见,已经先听见歌声了;或者人已经转过山头望不见了,歌声还余音袅袅。

示例2:尽管人民革命的力量在开始时总是弱小的,所以总是受压的;但是由于革命的力量代表历史发展的方向,因此本质上又是不可战胜的。

示例3:不管一个人如何伟大,也总是生活在一定的环境和条件下;因此,个人的见解总难免带有某种局限性。

示例4:昨天夜里下了一场雨,以为可以凉快些;谁知没有凉快下来,反而更热了。

4.6.3.3　用于分项列举的各项之间。

示例:特聘教授的岗位职责为:一、讲授本学科的主干基础课程;二、主持本学科的重大科研项目;三、领导本学科的学术队伍建设;四、带领本学科赶超或保持世界先进水平。

4.7　冒号

4.7.1　定义

句内点号的一种,表示语段中提示下文或总结上文的停顿。

4.7.2　形式

冒号的形式是":"。

4.7.3　基本用法

4.7.3.1　用于总说性或提示性词语(如"说""例如""证明"等)之后,表示提示下文。

示例1:北京紫禁城有四座城门,午门、神武门、东华门和西华门。

示例2:她高兴地说:"咱们去好好庆祝一下吧!"

示例3:小王笑着点了点头:"我就是这么想的。"

示例4:这一事实证明:人能创造环境,环境同样也能创造人。

4.7.3.2　表示总结上文。

示例:张华上了大学,李萍进了技校,我当了工人:我们都有美好的前途。

4.7.3.3　用在需要说明的词语之后,表示注释和说明。

示例1:(本市将举办首届大型书市。)主办单位:市文化局;承办单位:市图书进出口公司;时间:8月15日—20日;地点:市体育馆观众休息厅。

示例2:(做阅读理解题有两个办法。)办法之一:先读题干,再读原文,带着问题有针对性地读课文。办法之二:直接读原文,读完再做题,减少先人为主的干扰。

4.7.3.4　用于书信、讲话稿中称谓语或称呼语之后。

示例 1:广平先生:……

示例 2:同志们、朋友们:……

4.7.3.5　一个句子内部一般不应套用冒号。在列举式或条文式表述中,如不得不套用冒号时,宜另起段落来显示各个层次。

示例:第十条遗产按照下列顺序继承:

第一顺序,配偶、子女、父母。

第二顺序,兄弟姐妹、祖父母、外祖父母。

4.8　引号

4.8.1　定义

标号的一种,标示语段中直接引用的内容或需要特别指出的成分。

4.8.2　形式

引号的形式有双引号""""和单引号"''"两种。左侧的为前引号,右侧的为后引号。

4.8.3　基本用法

4.8.3.1　标示语段中直接引用的内容。

示例:李白诗中就有"白发三千丈"这样极尽夸张的语句。

4.8.3.2　标示需要着重论述或强调的内容。

示例:这里所谓的"文",并不是指文字,而是指文采。

4.8.3.3　标示语段中具有特殊含义而需要特别指出的成分,如别称、简称、反语等

示例 1:电视被称作"第九艺术"。

示例 2:人类学上常把古人化石统称为尼安德特人,简称"尼人"。

示例 3:有几个"慈祥"的老板把捡来的菜叶用盐浸浸就算作工友的菜肴。

4.8.3.4　当引号中还需要使用引号时,外面一层用双引号,里面一层用单引号。

示例:他问:"老师,'七月流火'是什么意思?"

4.8.3.5　独立成段的引文如果只有一段,段首和段尾都用引号;不止一段时,每段开头仅用前引号,只在最后一段末尾用后引号。

示例:我曾在报纸上看到有人这样谈幸福:

"幸福是知道自己喜欢什么和不喜欢什么。……

"幸福是知道自己擅长什么和不擅长什么。……

"幸福是在正确的时间做了正确的选择。……"

4.8.3.6　在书写带月、日的事件、节日或其他特定意义的短语(含简称)时,通常只标引其中的月和日;需要突出和强调该事件或节日本身时,也可连同事件或节日一起标引。

示例 1:"5·12"汶川大地震

示例 2:"五四"以来的话剧,是我国戏剧中的新形式。

示例 3:纪念"五四运动"90 周年

4.9　括号

4.9.1　定义

标号的一种，标示语段中的注释内容、补充说明或其他特定意义的语句。

4.9.2　形式

括号的主要形式是圆括号"（）"，其他形式还有方括号"［］"、六角括号"〔〕"和方头括号"【】"等。

4.9.3　基本用法

4.9.3.1　标示下列各种情况，均用圆括号：

a）标示注释内容或补充说明。

示例 1：我校拥有特级教师（含已退休的）17 人。

示例 2：我们不但善于破坏一个旧世界，我们还将善于建设一个新世界！（热烈鼓掌）

b）标示订正或补加的文字。

示例 3：信纸上用稚嫩的字体写着："阿夷（姨），你好！"。

示例 4：该建筑公司负责的建设工程全部达到优良工程（的标准）。

c）标示序次语。

示例 5：语言有三个要素：（1）声音；（2）结构；（3）意义。

示例 6：思想有三个条件：（一）事理；（二）心理；（三）伦理。

d）标示引语的出处。

示例 7：他说得好："未画之前，不立一格；既画之后，不留一格。"（《板桥集·题画》）

e）标示汉语拼音注音。

示例 8："的（de）"这个字在现代汉语中最常用。

4.9.3.2　标示作者国籍或所属朝代时，可用方括号或六角括号。

示例 1：［英］赫胥黎《进化论与伦理学》

示例 2：〔唐〕杜甫著

4.9.3.3　报刊标示电讯、报道的开头，可用方头括号。

示例：【新华社南京消息】

4.9.3.4　标示公文发文字号中的发文年份时，可用六角括号。

示例：国发〔2011〕3 号文件

4.9.3.5　标示被注释的词语时，可用六角括号或方头括号。

示例 1：〔奇观〕奇伟的景象。

示例 2：【爱因斯坦】物理学家。生于德国，1933 年因受纳粹政权迫害，移居美国。

4.9.3.6　除科技书刊中的数学、逻辑公式外，所有括号（特别是同一形式的括号）应尽量避免套用。必须套用括号时，宜采用不同的括号形式配合使用。

示例：〔茸（róng）毛〕很细很细的毛。

4.10　破折号

4.10.1　定义

标号的一种，标示语段中某些成分的注释、补充说明或语音、意义的变化。

4.10.2　形式

破折号的形式是"——"。

4.10.3　基本用法

4.10.3.1　标示注释内容或补充说明(也可用括号,见4.9.3.1;两者的区别另见 B.1.7)。

示例1:一个矮小而结实的日本中年人——内山老板走了过来。

示例2:我一直坚持读书,想借此唤起弟妹对生活的希望——无论环境多么困难。

4.10.3.2　标示插入语(也可用逗号,见4.4.3.3)。

示例:这简直就是——说得不客气点——无耻的勾当!

4.10.3.3　标示总结上文或提示下文(也可用冒号,见4.7.3.1、4.7.3.2)。

示例1:坚强,纯洁,严于律己,客观公正——这一切都难得地集中在一个人身上。

示例2:画家开始娓娓道来——

数年前的一个寒冬,……

4.10.3.4　标示话题的转换。

示例:"好香的干菜,——听到风声了吗?"赵七爷低声说道。

4.10.3.5　标示声音的延长。

示例:"嘎——"传过来一声水禽被惊动的鸣叫。

4.10.3.6　标示话语的中断或间隔。

示例1:"班长他牺——"小马话没说完就大哭起来。

示例2:"亲爱的妈妈,你不知道我多爱您。——还有你,我的孩子!"

4.10.3.7　标示引出对话。

示例:——你长大后想成为科学家吗?

——当然想了!

4.10.3.8　标示事项列举分承。

示例:根据研究对象的不同,环境物理学分为以下五个分支学科:

——环境声学;

——环境光学;

——环境热学;

——环境电磁学;

——环境空气动力学。

4.10.3.9　用于副标题之前。

示例:飞向太平洋

——我国新型号运载火箭发射目击记

4.10.3.10　用于引文、注文后,标示作者、出处或注释者。

示例1:先天下之忧而忧,后天下之乐而乐。

——范仲淹

示例2:乐浪海中有倭人,分为百余国。

——《汉书》

示例3:很多人写好信后把信笺折成方胜形,我看大可不必。(方胜,指古代妇女戴的方形首饰,用彩绸等制作,由两个斜方部分叠合而成。——编者注)

4.11　省略号

4.11.1　定义

标号的一种,标示语段中某些内容的省略及意义的断续等。

4.11.2　形式

省略号的形式是"……"。

4.11.3　基本用法

4.11.3.1　标示引文的省略。

示例:我们齐声朗诵起来:"……俱往矣,数风流人物,还看今朝。"

4.11.3.2　标示列举或重复词语的省略。

示例1:对政治的敏感,对生活的敏感,对性格的敏感,……这部是作家必须要有的素质。

示例2:他气得连声说:"好,好……算我没说。"

4.11.3.3　标示语意未尽。

示例1:在人迹罕至的深山密林里,假如突然看见一缕炊烟,……

示例2:你这样干,未免太……!

4.11.3.4　标示说话时断断续续。

示例:她磕磕巴巴地说:"可是……太太……我不知道……你一定是认错了。"

4.11.3.5　标示对话中的沉默不语。

示例:"还没结婚吧?"

"……"他飞红了脸,更加忸怩起来。

4.11.3.6　标示特定的成分虚缺。

示例:只要……就……

4.11.3.7　在标示诗行、段落的省略时,可连用两个省略号(即相当于十二连点)。

示例1:从隔壁房间传来缓缓而抑扬顿挫的吟咏声——

床前明月光,疑是地上霜。

……

示例2:该刊根据工作质量、上稿数量、参与程度等方面的表现,评选出了高校十佳记者站。还根据发稿数量、提供新闻线索情况以及对刊物的关注度等,评选出了十佳通讯员。

……

4.12　着重号

4.12.1　定义

标号的一种,标示语段中某些重要的或需要指明的文字。

4.12.2　形式

着重号的形式是"．"标注在相应文字的下方。

4.12.3 基本用法

4.12.3.1 标示语段中重要的文字。

示例1：诗人需要表现，而不是证明。

示例2：下面对本文的理解，不正确的一项是：……

4.12.3.2 标示语段中需要指明的文字。

示例：下边加点的字，除了在词中的读法外，还有哪些读法？

着急子弹强调

4.13 连接号

4.13.1 定义

标号的一种，标示某些相关联成分之间的连接。

4.13.2 形式

连接号的形式有短横线"-"、一字线"—"和浪纹线"～"三种。

4.13.3 基本用法

4.13.3.1 标示下列各种情况，均用短横线：

a) 化合物的名称或表格、插图的编号。

示例1：3-戊酮为无色液体，对眼及皮肤有强烈刺激性。

示例2：参见下页表2-8、表2-9。

b) 连接号码，包括门牌号码、电话号码，以及用阿拉伯数字表示年月日等。

示例3：安宁里东路26号院3-2-11室

示例4：联系电话：010-88842603

示例5：2011-02-15

c) 在复合名词中起连接作用。

示例6：吐鲁番-哈密盆地

d) 某些产品的名称和型号。

示例7：WZ-10直升机具有复杂天气和夜间作战的能力。

e) 汉语拼音、外来语内部的分合。

示例8：shuōshuō-xiàoxiào（说说笑笑）

示例9：盎格鲁-撒克逊人

示例10：让-雅克·卢梭（"让-雅克"为双名）

示例11：皮埃尔·孟戴斯-弗朗斯（"孟戴斯-弗朗斯"为复姓）

4.13.3.2 标示下列各种情况，一般用一字线，有时也可用浪纹线：

a) 标示相关项目（如时间、地域等）的起止。

示例1：沈括（1031—1095），宋朝人。

示例2：2011年2月3日—10日

示例3：北京—上海特别旅客快车

b) 标示数值范围（由阿拉伯数字或汉字数字构成）的起止。

示例 4：25～30 g

示例 5：第五～八课

4.14　间隔号

4.14.1　定义

标号的一种，标示某些相关联成分之间的分界。

4.14.2　形式

间隔号的形式是"·"。

4.14.3　基本用法

4.14.3.1　标示外国人名或少数民族人名内部的分界。

示例 1：克里丝蒂娜·罗塞蒂

示例 2：阿依古丽·买买提

4.14.3.2　标示书名与篇（章、卷）名之间的分界。

示例：《淮南子·本经训》

4.14.3.3　标示词牌、曲牌、诗体名等和题名之间的分界。

示例 1：《沁园春·雪》

示例 2：《天净沙·秋思》

示例 3：《七律·冬云》

4.14.3.4　用在构成标题或栏目名称的并列词语之间。

示例：《天·地·人》

4.14.3.5　以月、日为标志的事件或节日，用汉字数字表示时，只在一、十一和十二月后用间隔号；当直接用阿拉伯数字表示时，月、日之间均用间隔号（半角字符）。

示例 1："九一八"事变"五四"运动

示例 2："一·二八"事变"一二·九"运动

示例 3："3·15"消费者权益日"9·11"恐怖袭击事件

4.15　书名号

4.15.1　定义

标号的一种，标示语段中出现的各种作品的名称。

4.15.2　形式

书名号的形式有双书名号"《》"和单书名号"〈〉"两种。

4.15.3　基本用法

4.15.3.1　标示书名、卷名、篇名、刊物名、报纸名、文件名等。

示例 1：《红楼梦》（书名）

示例 2：《史记·项羽本记》（卷名）

示例 3：《论雷峰塔的倒掉》（篇名）

示例 4：《每周关注》（刊物名）

示例 5：《人民日报》（报纸名）

示例 6：《全国农村工作会议纪要》（文件名）

4.15.3.2　标示电影、电视、音乐、诗歌、雕塑等各类用文字、声音、图像等表现的作品的名称。

示例1:《渔光曲》(电影名)

示例2:《追梦录》(电视剧名)

示例3:《勿忘我》(歌曲名)

示例4:《沁园春·雪》(诗词名)

示例5:《东方欲晓》(雕塑名)

示例6:《光与影》(电视节目名)

示例7:《社会广角镜》(栏目名)

示例8:《庄子研究文献数据库》(光盘名)

示例9:《植物生理学系列挂图》(图片名)

4.15.3.3　标示全中文或中文在名称中占主导地位的软件名。

示例:科研人员正在研制《电脑卫士》杀毒软件。

4.15.3.4　标示作品名的简称。

示例:我读了《念青唐古拉山脉纪行》一文(以下简称《念》),收获很大。

4.15.3.5　当书名号中还需要书名号时,里面一层用单书名号,外面一层用双书名号。

示例:《教育部关于提请审议〈高等教育自学考试试行办法〉的报告》

4.16　专名号

4.16.1　定义

标号的一种,标示古籍和某些文史类著作中出现的特定类专有名词。

4.16.2　形式

专名号的形式是一条直线,标注在相应文字的下方。

4.16.3　基本用法

4.16.3.1　标示古籍、古籍引文或某些文史类著作中出现的专有名词,主要包括人名、地名、国名、民族名、朝代名、年号、宗教名、官署名、组织名等。

示例1:孙坚人马被刘表率军围得水泄不通。(人名)

示例2:于是聚集冀、青、幽、并四州兵马七十多万准备决一死战。(地名)

示例3:当时乌孙及西域各国都向汉派遣了使节。(国名、朝代名)

示例4:从咸宁二年到太康十年,匈奴、鲜卑、乌桓等族人徙居塞内。(年号、民族名)

4.16.3.2　现代汉语文本中的上述专有名词,以及古籍和现代文本中的单位名、官职名、事件名、会议名、书名等不应使用专名号。必须使用标号标示时,宜使用其他相应标号(如引号、书名号等)。

4.17　分隔号

4.17.1　定义

标号的一种,标示诗行、节拍及某些相关文字的分隔。

4.17.2　形式

分隔号的形式是"/"。

4.17.3　基本用法

4.17.3.1　诗歌接排时分隔诗行(也可使用逗号和分号,见4.4.3.1/4.6.3.1)。

示例:春眠不觉晓/处处闻啼鸟/夜来风雨声/花落知多少。

4.17.3.2　标示诗文中的音节节拍。

示例:横眉/冷对/千夫指,俯首/甘为/孺子牛。

4.17.3.3　分隔供选择或可转换的两项,表示"或"。

示例:动词短语中除了作为主体成分的述语动词之外,还包括述语动词所带的宾语和/或补语。

4.17.3.4　分隔组成一对的两项,表示"和"。

示例1:13/14次特别快车

示例2:羽毛球女双决赛中国组合杜婧/于洋两局完胜韩国名将李孝贞/李敬元。

4.17.3.5　分隔层级或类别。

示例:我国的行政区划分为:省(直辖市、自治区)/省辖市(地级市)/县(县级市、区、自治州)/乡(镇)/村(居委会)。

5　标点符号的位置和书写形式

5.1　横排文稿标点符号的位置和书写形式

5.1.1　句号、逗号、顿号、分号、冒号均置于相应文字之后,占一个字位置,居左下,不出现在一行之首。

5.1.2　问号、叹号均置于相应文字之后,占一个字位置,居左,不出现在一行之首。两个问号(或叹号)叠用时,占一个字位置;三个问号(或叹号)叠用时,占两个字位置;问号和叹号连用时,占一个字位置。

5.1.3　引号、括号、书名号中的两部分标在相应项目的两端,各占一个字位置。其中前一半不出现在一行之末,后一半不出现在一行之首。

5.1.4　破折号标在相应项目之间,占两个字位置,上下居中,不能中间断开分处上行之末和下行之首。

5.1.5　省略号占两个字位置,两个省略号连用时占四个字位置并须单独占一行。省略号不能中间断开分处上行之末和下行之首。

5.1.6　连接号中的短横线比汉字"一"略短,占半个字位置;一字线比汉字"一"略长,占一个字位置;浪纹线占一个字位置。连接号上下居中,不出现在一行之首。

5.1.7　间隔号标在需要隔开的项目之间,占半个字位置,上下居中,不出现在一行之首。

5.1.8　着重号和专名号标在相应文字的下边。

5.1.9　分隔号占半个字位置,不出现在一行之首或一行之末。

5.1.10　标点符号排在一行末尾时,若为全角字符则应占半角字符的宽度(即半个字位置),以使视觉效果更美观。

5.1.11　在实际编辑出版工作中,为排版美观、方便阅读等需要,或为避免某一小节最后一个汉字转行或出现在另外一页开头等情况（浪费版面及视觉效果差），可适当压缩标点符号所占用的空间。

5.2 竖排文稿标点符号的位置和书写形式

5.2.1 句号、问号、叹号、逗号、顿号、分号和冒号均置于相应文字之下偏右。

5.2.2 破折号、省略号、连接号、间隔号和分隔号置于相应文字之下居中，上下方向排列。

5.2.3 引号改用双引号" ﹁ "" ﹂ "和单引号" ﹁ "" ﹂ "，括号改用" ⌒ "" ⌣ "，标在相应项目的上下。

5.2.4 竖排文稿中使用浪线式书名号"＿"，标在相应文字的左侧。

5.2.5 着重号标在相应文字的右侧，专名号标在相应文字的左侧。

5.2.6 横排文稿中关于某些标点不能居行首或行末的要求，同样适用于竖排文稿。